Cadena de bloques

Los Elementos Fundamentales de la confianza y Transparencia en la Era Digital

Juan Carlos Fernández

TABLA DE CONTENIDOS

Introducción

La confianza y la transparencia son ahora componentes cruciales para establecer interacciones, transacciones y asociaciones efectivas en esta acelerada era digital en la que nos encontramos. No importa si estamos hablando de confirmar la autenticidad de los datos, intercambiar información confidencial o realizar transacciones financieras: la demanda de sistemas confiables que puedan garantizar la confianza y la transparencia está en su punto más alto.

Este libro electrónico, titulado "Cadena de bloques: The Building Blocks of Trust and Transparency in the Digital Age", profundiza en las aplicaciones potencialmente revolucionarias de la tecnología Cadena de bloques como respuesta a estos problemas críticos. Cadena de bloques se concibió inicialmente como la tecnología que sustentaría las criptomonedas como Bitcoin; Sin embargo, desde entonces se ha convertido en una innovación revolucionaria con implicaciones de gran alcance que se extienden más allá del campo de las finanzas.

Cadena de bloques, en su nivel más fundamental, es un libro de contabilidad descentralizado e inmutable que permite el mantenimiento de registros de transacciones digitales de forma segura y transparente. Lo hace utilizando criptografía y procedimientos de consenso para garantizar la integridad y autenticidad de los datos, eliminando así el requisito de intermediarios y creando confianza entre los participantes. El valor de Cadena de bloques radica en su capacidad para generar un historial de transacciones compartido, a prueba de manipulaciones y auditable. Esta historia se puede utilizar para transformar la forma en que los humanos interactúan con los sistemas digitales. Cadena de bloques tiene el potencial de revolucionar las industrias.

Este libro electrónico ha sido escrito para proporcionar una comprensión completa de la tecnología Cadena de bloques y su papel en la creación de confianza y transparencia. Analizaremos las ideas subyacentes detrás de la tecnología Cadena de bloques, su diseño y los procedimientos que le dan durabilidad y seguridad. Además, profundizaremos en aplicaciones del mundo real en varios sectores empresariales para demostrar cómo la tecnología Cadena de bloques ya está facilitando un buen cambio y abriendo nuevas puertas de oportunidad.

Aunque la tecnología Cadena de bloques tiene enormes aplicaciones potenciales, tiene su cuota de dificultades y restricciones. Antes de que pueda haber una amplia aceptación, es necesario resolver varios desafíos, incluida la escalabilidad, las preocupaciones legales y los efectos ambientales. Este libro electrónico arrojará luz sobre estas dificultades y propondrá posibles soluciones que pueden allanar el camino para un ecosistema Cadena de bloques que sea más inclusivo y sostenible.

Debemos tener una sólida comprensión de las implicaciones, oportunidades y riesgos que están conectados con la tecnología Cadena de bloques a medida que navegamos por este nuevo y fascinante panorama técnico. Este libro electrónico le servirá de guía para comprender los componentes básicos de la confianza y la transparencia en la era digital. Tanto si eres un entusiasta de la tecnología, un líder de una empresa o simplemente una persona curiosa que busca información sobre el futuro, este libro electrónico te guiará para entender estos conceptos.

Acompáñanos en esta aventura mientras exploramos las complejidades de la tecnología Cadena de bloques e investigamos su enorme potencial para transformar el mundo digital en el que vivimos. Exploremos, como grupo, cómo la tecnología Cadena de bloques tiene el potencial de allanar el camino para un futuro más confiable, abierto e inclusivo.

Capítulo I

Entendiendo los Conceptos Básicos de Cadena de bloques

Definición y conceptos clave de Cadena de bloques

En los últimos años, la tecnología Cadena de bloques ha atraído una cantidad significativa de atención debido a su potencial para transformar una variedad de negocios en todo el mundo. La tecnología Cadena de bloques, en su nivel más fundamental, es un sistema de contabilidad descentralizado y transparente que permite mantener registros seguros e inalterables de las transacciones digitales. En esta sección, entraremos en la definición de Cadena de bloques, así como en sus principales elementos. También exploraremos los principios, componentes y procedimientos subyacentes de la cadena de bloques. Supongamos que podemos comprender mejor estas ideas fundamentales. En ese caso, podemos desarrollar una apreciación más profunda del poder transformador que posee Cadena de bloques en términos de promover la confianza y la transparencia en la era digital.

El término "Cadena de bloques" se refiere a un tipo de tecnología de contabilidad distribuida que elimina la necesidad de una autoridad centralizada al tiempo que permite que varios usuarios colaboren en la administración de la base de datos. Está organizado como una serie de bloques en orden cronológico, y cada bloque comprende una colección de transacciones. Se garantiza que los datos almacenados en la cadena de bloques son precisos y no pueden ser alterados debido al uso de hashes criptográficos, que conectan cada bloque con el siguiente.

El libro mayor distribuido es el componente esencial que sustenta la tecnología Cadena de bloques. En el contexto de una red peer-to-peer, este término se refiere a una base de datos que se mantiene actualizada y replicada entre una serie de nodos o computadoras. Debido a que cada participante tiene su propia copia de la cadena de bloques, la redundancia está incorporada y ya no hay necesidad de depender de una sola fuente autorizada.

Los bloques son los elementos fundamentales que componen una cadena de bloques. Incluyen un grupo de transacciones que han sido validadas, así como metadatos adicionales como marcas de tiempo y referencias al bloque que las precedió. El uso de técnicas criptográficas genera un hash criptográfico, comúnmente conocido como huella digital, para cada bloque. Este hash sirve como el único identificador para cada bloque.

Los bloques representan el orden cronológico de las transacciones a medida que se encadenan. Debido a que cada bloque tiene una referencia al hash del anterior, la estructura resultante es una que está vinculada. Esto protege la legitimidad de la cadena de bloques al garantizar que cualquier modificación de un bloque resultará en un cambio tanto en su hash como en los hashes que lo siguen, lo que indicará a la red que se ha intentado manipular los datos.

El principio de descentralización es esencial para el funcionamiento exitoso de la tecnología Cadena de bloques. La tecnología Cadena de bloques funciona en una red peer-to-peer, a diferencia de los antiguos sistemas centralizados en los que una sola autoridad controla la base de datos. En cambio, la cadena de bloques opera en una red en la que cada miembro, también conocido como nodo, mantiene una copia de toda la cadena de bloques. Esta estructura descentralizada elimina la necesidad de depender de intermediarios, lo que aumenta el nivel de seguridad del sistema y reduce la probabilidad de que haya un único punto de fallo.

Otra idea fundamental que la tecnología Cadena de bloques hace posible es la transparencia. Debido a que el libro mayor se distribuye de esta manera, es posible que todos los participantes vean la misma información al mismo tiempo. Todos los participantes pueden ver las transacciones registradas en la cadena de bloques, lo que fomenta la responsabilidad y la confianza entre los usuarios. Esta transparencia ayuda a prevenir actividades fraudulentas y evita que los datos sean manipulados, lo que a su vez favorece la igualdad de condiciones.

Los datos que se registran en una cadena de bloques tienen una característica conocida como inmutabilidad, lo que significa que no pueden ser alterados de ninguna manera. Una vez que se agrega un bloque a la cadena, es muy difícil, si no imposible, cambiar o interferir con la información que se ha registrado. Las funciones hash criptográficas, que producen huellas digitales únicas para cada bloque, son las que lo hacen posible. Cualquier alteración de los datos incluidos en un bloque daría lugar a un cambio en el hash del bloque, lo que alertaría a la red sobre el intento de manipulación de los datos.

Los mecanismos de consenso de las redes Cadena de bloques son los protocolos que se utilizan para lograr un acuerdo entre los participantes sobre la validez de las transacciones y el orden en que se agregan a la cadena de bloques. Existen varias estrategias diferentes para llegar a un consenso, como la prueba de trabajo, la prueba de participación y la tolerancia práctica a fallas bizantinas. Estas técnicas garantizan que todos los participantes lleguen a un consenso sobre el estado de la cadena de bloques, lo que mejora la seguridad y la fiabilidad de la cadena de bloques.

El uso de la criptografía es esencial para el funcionamiento de la tecnología Cadena de bloques. Sienta las bases para el almacenamiento de datos privados y las transacciones seguras en la cadena de bloques. Para validar la autenticidad de una transacción y garantizar que no haya sido interferida de ninguna manera, se utilizan firmas digitales, que funcionan con algoritmos criptográficos. Además, se utilizan métodos de encriptación para que los datos confidenciales que se almacenan en la cadena de bloques puedan protegerse de miradas indiscretas y mantenerse confidenciales.

La robusta seguridad de Cadena de bloques se puede atribuir a varios factores, incluida su arquitectura descentralizada, procedimientos de consenso y algoritmos criptográficos. Los actores maliciosos no pueden comprometer la integridad de la cadena de bloques porque no hay un único punto de falla y los datos no se pueden cambiar. Además, la utilización de procedimientos criptográficos proporciona una capa adicional de protección contra el acceso concedido sin autorización.

La tecnología Cadena de bloques agiliza las operaciones y elimina la necesidad de intermediarios, lo que puede aumentar la eficiencia y reducir los costos en gran medida. Los procedimientos transaccionales se automatizan mediante contratos inteligentes, que son contratos autoejecutables codificados en la cadena de bloques. Esto elimina la necesidad de verificación manual y reduce la documentación requerida. Gracias a esta automatización, se reduce el número de errores que se producen, la velocidad a la que se completan las transacciones y los costes relacionados con los intermediarios.

La naturaleza abierta y accesible del libro mayor descentralizado fomenta la confianza en sus usuarios. La capacidad de rastrear y verificar las transacciones fomenta la rendición de cuentas y, al mismo tiempo, reduce el riesgo de fraude o manipulación. El hecho de que el libro mayor sea compartido y descentralizado también garantiza que ninguna parte pueda controlar o modificar los datos, lo que aumenta aún más el nivel de confianza que se puede depositar en el sistema.

Se garantiza que los datos que se guardan en el libro mayor son precisos debido a la inmutabilidad de la cadena de bloques y los hashes criptográficos que genera. Cualquier modificación o intento de manipulación de los datos que se registraron previamente se haría evidente en los futuros bloques, asegurando que la información sea precisa y fiable en todo momento.

La tecnología de contabilidad distribuida, Cadena de bloques, crea un rastro auditable de transacciones y actividades. Cada transacción registrada en una cadena de bloques es transparente y rastreable, lo que permite realizar auditorías e investigaciones exhaustivas. Esta funcionalidad es especialmente útil en sectores como la gestión de la cadena de suministro y las finanzas, que hacen hincapié en la responsabilidad y la trazabilidad.

En conclusión, Cadena de bloques es una innovación tecnológica revolucionaria que marca el comienzo de una nueva era de confianza y transparencia en el mundo digital. Los conceptos esenciales que impulsan su funcionalidad son la descentralización, la transparencia, la inmutabilidad, los procedimientos de consenso y los principios criptográficos. Esta funcionalidad se basa en la cadena de bloques. Al poner en práctica estos conceptos, la tecnología Cadena de bloques puede cambiar una amplia gama de sectores, incluidos los sistemas de atención médica y votación, así como la industria financiera y la gestión de la cadena de suministro. Es esencial tener una comprensión sólida del significado de Cadena de bloques, así como de sus ideas fundamentales, para aprovechar todo su potencial y hacer un uso efectivo de sus ventajas para construir un futuro digital que sea más confiable, seguro y eficiente. Tenemos el potencial de traer una nueva era de invención y colaboración mediante la utilización de la tecnología Cadena de bloques. La confianza estará arraigada en cada transacción en esta nueva era, y la transparencia se convertirá en el estándar.

Cómo funciona la cadena de bloques: contabilidad descentralizada, criptografía y mecanismos de consenso

Una tecnología de contabilidad distribuida conocida como Cadena de bloques se ha convertido en una fuerza disruptiva con el potencial de revolucionar muchas industrias al proporcionar soluciones descentralizadas, seguras y transparentes. La funcionalidad de Cadena de bloques se puede dividir en tres partes principales: el libro mayor descentralizado, la criptografía y los mecanismos de consenso. Cada una de estas partes es igualmente importante. En esta sección, exploraremos cómo funciona la cadena de bloques, profundizando en las complejidades de estos componentes y adquiriendo conocimientos sobre cómo contribuyen a la confiabilidad e integridad del sistema de cadena de bloques en su conjunto. Podemos comprender el poder y el potencial de esta innovación revolucionaria al comprender los algoritmos criptográficos, los mecanismos de consenso y el libro mayor descentralizado que sustentan la cadena de bloques.

La tecnología Cadena de bloques se basa, en gran parte, en el uso de un libro mayor descentralizado. A diferencia de los sistemas centralizados típicos, un libro mayor descentralizado no depende de una autoridad centralizada para mantener actualizada una base de datos. En cambio, la base de datos de un libro mayor descentralizado se extiende a través de una red peer-to-peer en numerosos nodos o computadoras. Debido a que cada participante tiene su propia copia del libro mayor, no hay necesidad de que terceros actúen como mediadores porque el sistema es totalmente transparente. Este estilo de organización descentralizado ofrece varias ventajas.

La mayor seguridad que proporciona el uso de un libro mayor descentralizado es una de las principales ventajas que ofrece. Debido a que no hay una autoridad centralizada que controle la base de datos, no hay un solo punto de falla que pueda ser pirateado o manipulado de otra manera. Debido a que cada participante tiene su propia copia del libro mayor, un control y equilibrio incorporado evita que se lleve a cabo cualquier acción maliciosa. Esto hace que sea muy difícil para un atacante tomar el control del sistema.

Además de esto, el hecho de que el libro mayor esté descentralizado contribuye a aumentar los niveles de transparencia. Todos los participantes tienen acceso a la misma información y todos pueden ver cualquier transacción que se registre en la cadena de bloques. Debido a que cualquier intento de modificar o falsificar datos sería inmediatamente evidente para toda la red, esta transparencia ayuda a desarrollar la responsabilidad y la confianza entre los miembros.

Otra característica esencial es la inmutabilidad del libro mayor distribuido. Una vez que se ha agregado una transacción a una cadena de bloques, es casi imposible realizar cambios en ella o eliminarla por completo. Debido al hecho de que el libro mayor solo se puede anexar, se garantiza que se agregarán nuevas transacciones en forma de bloques, que luego se unirán para formar una cadena secuencial. Gracias a esta característica, se puede evitar la manipulación y se puede generar un rastro auditable de las transacciones, lo que mejora la responsabilidad y la trazabilidad.

El libro mayor descentralizado siempre debe preservar su integridad y coherencia, y los mecanismos de consenso son un componente esencial de este proceso. Los algoritmos de consenso garantizan que todos los participantes lleguen a un entendimiento mutuo con respecto a la legitimidad de las transacciones y el orden en que se agregan a la cadena de bloques. Para llegar al consenso, los diversos métodos de consenso hacen uso de una amplia variedad de algoritmos y reglas. Esto ayuda a garantizar que todos los participantes tengan la misma comprensión del estado actual del libro mayor.

La tecnología Cadena de bloques se basa en gran medida en la criptografía, ya que prepara el escenario para las transacciones confidenciales y seguras y la preservación de los datos de los usuarios. El proceso de encriptación y desencriptación de datos, así como la verificación de la validez e integridad de la información, se logra mediante la utilización de métodos matemáticos. El uso de protocolos criptográficos es necesario para garantizar la privacidad e integridad de las transacciones de Cadena de bloques.

La cadena de bloques depende en gran medida de las firmas digitales como una pieza crucial de la infraestructura criptográfica para establecer las identidades de los participantes y validar la legitimidad de las transacciones. Necesitan el uso de pares de claves públicas y privadas, siendo el propietario la única persona que posee conocimiento de la clave privada. La clave pública asociada se utiliza después de que se haya generado una firma digital utilizando la clave privada para validar la firma. A los participantes en una transacción se les proporciona un medio para demostrar su propiedad y validez a través de firmas digitales, lo que ayuda a evitar la suplantación de identidad y la manipulación.

Las funciones hash son otra idea criptográfica esencial que utiliza la tecnología Cadena de bloques. Las funciones hash son algoritmos que, cuando se les da una entrada de cualquier tipo, producen salidas únicas de un tamaño fijo, que se denominan hashes. Dentro de una cadena de bloques, la creación de huellas digitales para bloques y transacciones se lleva a cabo mediante el uso de funciones hash. La integridad de los datos se puede comprobar utilizando estos hashes como herramienta de verificación. La salida de hash sería radicalmente diferente si hubiera el más mínimo cambio en la entrada, lo que haría extremadamente difícil, si no imposible, reconstruir los datos originales. El uso de funciones hash ayuda a garantizar que los datos que se almacenan en una cadena de bloques no se puedan alterar y se mantengan seguros.

El término "mecanismo de consenso" se refiere a un conjunto de protocolos que se utilizan en la tecnología Cadena de bloques para facilitar el acuerdo de los participantes sobre la legitimidad de las transacciones y la secuencia en la que se agregan al libro mayor distribuido. Un consenso garantiza que todos los participantes tengan una perspectiva común del estado del libro mayor, lo que mejora tanto la seguridad como la confianza en el sistema. Cada uno de los diversos métodos de consenso utiliza un conjunto diferente de criterios y algoritmos para llegar a un juicio en el que todos puedan estar de acuerdo.

La prueba de trabajo, o PoW para abreviar, es una de las técnicas de consenso más conocidas. Por lo general, se conecta con la cadena de bloques que sustenta Bitcoin. En Proof of Work (PoW), los participantes, también conocidos como mineros, compiten para resolver acertijos matemáticos difíciles con el fin de verificar transacciones y agregar bloques a un libro mayor distribuido. El minero que sea el primero en resolver el problema y reciba la recompensa también será el que agregue el nuevo bloque a la cadena. El protocolo Proof-of-Work (PoW) garantiza que los miembros contribuyan con recursos computacionales, lo que hace que sea económicamente prohibitivo para los atacantes atacar la red.

Proof of Stake, o PoS para abreviar, es una técnica de consenso alternativa a Proof of Work que aborda algunos de los problemas ambientales y de escalabilidad con los que se asocia PoW. En Proof-of-Stake (PoS), los participantes, también conocidos como validadores, son seleccionados para construir nuevos bloques en función de la cantidad de tokens que ya poseen o están dispuestos a "apostar" como garantía en caso de que sean seleccionados. Los validadores se eligen mediante un algoritmo que se ha definido de antemano, y la probabilidad de que sean elegidos está directamente relacionada con la cantidad de participación que poseen ahora. En comparación con PoW, el método de consenso que ofrece PoS es más eficiente desde el punto de vista energético y rentable.

Una técnica de consenso llamada Tolerancia Práctica a Fallas Bizantinas, o PBFT para abreviar, está diseñada para funcionar con cadenas de bloques autorizadas. PBFT asegura que todos los participantes estén en la misma página, incluso si algunos de los nodos de la red están dañados o son maliciosos. PBFT llega a un consenso a través de un procedimiento de votación de varias rondas, durante el cual se selecciona un número preestablecido de nodos como réplicas para validar las transacciones y llegar a un acuerdo sobre la secuencia de bloques. PBFT es apropiado para su uso en aplicaciones empresariales que requieren cadenas de bloques de alto rendimiento, ya que ofrece un mecanismo de consenso que es rápido y efectivo.

En conclusión, el libro mayor descentralizado, la criptografía y los mecanismos de consenso que componen Cadena de bloques son esenciales para el funcionamiento de la plataforma. La transparencia, la inmutabilidad y la redundancia están garantizadas por el libro mayor descentralizado, lo que contribuye a una mayor sensación de confianza y seguridad entre los participantes. Las firmas digitales y las funciones hash son dos aplicaciones de criptografía fundamentales para la protección de las transacciones financieras y los datos personales. Los mecanismos para llegar a un consenso garantizan que todas las partes acuerden y validen las transacciones, manteniendo así intacta la integridad y la coherencia del sistema Cadena de bloques. La tecnología Cadena de bloques es capaz de crear soluciones seguras, transparentes y eficientes en una variedad de industrias debido a la combinación de estos componentes. Una vez que entendamos cómo funciona la cadena de bloques, podremos aprovechar mejor su potencial y cosechar sus beneficios en la era digital moderna. A medida que la tecnología Cadena de bloques continúa avanzando, los algoritmos subyacentes, los procedimientos criptográficos y los mecanismos de consenso que impulsan su libro mayor distribuido desempeñarán un papel cada vez más importante en la determinación del futuro de una variedad de industrias.

Diferentes tipos de Cadenas de bloques: públicas, privadas y de consorcio

El potencial de la tecnología Cadena de bloques para alterar los métodos y sectores establecidos le ha atraído una gran atención en los últimos años. Aunque la idea de Cadena de bloques se conecta más comúnmente con criptomonedas como Bitcoin, sus aplicaciones se extienden mucho más allá del dominio de la moneda digital. Para aprovechar todo el potencial de esta tecnología, es esencial tener una sólida comprensión de las diversas implementaciones de Cadena de bloques disponibles actualmente. En los siguientes párrafos, discutiremos las tres variedades principales de cadenas de bloques: pública, privada y de consorcio. Podemos comprender completamente cómo las cadenas de bloques se pueden ajustar a requisitos específicos y cómo se pueden aprovechar los beneficios que ofrecen en varios escenarios explorando las características, ventajas y casos de uso de cada tipo de cadena de bloques.

Cadena de bloques pública:

La tecnología Cadena de bloques ha dado lugar a una revolución, poniendo en duda la viabilidad de las instituciones centralizadas convencionales y marcando el comienzo de una nueva era caracterizada por la descentralización y la transparencia. Las cadenas de bloques públicas, a veces denominadas cadenas de bloques sin permiso, están a la vanguardia de esta revolución, proporcionando a los usuarios la capacidad de realizar transacciones seguras y sin confianza.

Las cadenas de bloques públicas son redes informáticas descentralizadas que permiten a cualquiera participar en la red como usuario, validador o minero. Estas redes confían en los protocolos criptográficos y los métodos de consenso para validar y registrar transacciones sin una autoridad centralizada. Las cadenas de bloques públicas, a diferencia de las cadenas de bloques privadas o de consorcio, brindan a los usuarios acceso a una plataforma abierta, lo que ayuda a aumentar la confianza y elimina cualquier área de vulnerabilidad.

La transparencia es una de las características más distintivas de las cadenas de bloques públicas. Los datos de cada transacción se ponen a disposición del público y pueden ser auditados de forma independiente, lo que permite a cada participante examinar y verificar todo el registro de la transacción. Debido a esto, se mantiene la transparencia, la integridad y la rendición de cuentas, lo que ayuda a evitar el fraude y la manipulación. Además, las cadenas de bloques públicas hacen uso de métodos criptográficos complejos para garantizar la seguridad de las transacciones. El uso de claves públicas y privadas garantiza la autenticidad e integridad de las transacciones, lo que hace prácticamente imposible alterar los datos que se almacenan en la cadena de bloques.

Otra característica esencial de las cadenas de bloques públicas es su incapacidad para ser alteradas. Cuando se agrega una transacción a una cadena de bloques pública, es casi imposible eliminarla o alterarla después. Debido a la inmutabilidad del libro mayor, las cadenas de bloques públicas son extremadamente seguras y resistentes. Esta inmutabilidad agrega una capa adicional de confianza y evita la actividad fraudulenta.

El uso de cadenas de bloques públicas tiene una multitud de ventajas. En primer lugar, promueven la integridad y la seguridad al eliminar el requisito de utilizar intermediarios y reducir la posibilidad de fraude y manipulación. El hecho de que estas redes estén descentralizadas significa que ningún organismo tendrá control sobre los datos, lo que aumenta el nivel de confianza entre los miembros. Además, la auditabilidad y la transparencia de las cadenas de bloques públicas tienen implicaciones significativas que deben tenerse en cuenta. Las cadenas de bloques públicas en empresas como la gestión de la cadena de suministro permiten rastrear el origen y el movimiento de los artículos, lo que ayuda a garantizar prácticas comerciales éticas y reduce la probabilidad de falsificación.

La accesibilidad y la inclusión son beneficios adicionales del uso de cadenas de bloques públicas. Debido a que estas redes son accesibles para cualquier persona con una conexión a Internet, hacen posible que quienes viven en áreas subdesarrolladas participen en transacciones financieras a escala mundial. Esta accesibilidad democratiza las finanzas y abre nuevas oportunidades económicas para la población que no tiene acceso a los servicios bancarios. Además, la creación de aplicaciones descentralizadas (dApps) y contratos inteligentes ha sido posible gracias al uso de Cadenas de bloques públicas, que han contribuido a promover la innovación. Estas cualidades programables hacen posible tener procesos transparentes y automatizados, lo que tiene el potencial de transformar una variedad de industrias, incluidas la banca, la atención médica y la gobernanza.

A pesar de los muchos beneficios que ofrecen, las cadenas de bloques públicas tienen su parte de dificultades y limitaciones. Debido a que estas redes necesitan realizar cálculos sustanciales para el consenso, así como un volumen creciente de transacciones, la escalabilidad es un desafío principal que debe abordarse. Para adaptarse a la adopción generalizada y evitar la congestión de la red, las soluciones de escalado eficientes son una necesidad absoluta. Otra dificultad con el uso de cadenas de bloques públicas, particularmente aquellas que utilizan técnicas de consenso de prueba de trabajo, es la cantidad de energía consumida. Se deben desarrollar algoritmos de consenso más eficientes desde el punto de vista energético si queremos reducir nuestro impacto negativo en el medio ambiente.

También se pueden plantear preocupaciones sobre la privacidad personal en relación con las cadenas de bloques públicas. A pesar de que brindan transparencia, ciertas transacciones podrían requerir el anonimato. Con el fin de abordar estas preocupaciones y lograr un equilibrio entre la transparencia y la privacidad, actualmente se están desarrollando varias soluciones, como las pruebas de conocimiento cero y las tecnologías que mejoran la privacidad.

Al considerar el futuro, las cadenas de bloques públicas son muy prometedoras. Podemos anticipar un aumento en el uso de cadenas de bloques públicas a medida que se resuelvan las dificultades de escalabilidad y privacidad, lo que dará como resultado ecosistemas digitales que sean más eficientes y seguros. Los avances en la interoperabilidad y los marcos regulatorios impulsarán aún más la adopción generalizada de cadenas de bloques públicas. Estos avances alterarán una variedad de industrias, incluidas las finanzas, la gestión de la cadena de suministro, la gobernanza y otras.

La confianza y la transparencia finalmente están experimentando una transformación fundamental debido a las cadenas de bloques públicas. A las personas se les da más poder, se fomenta la inclusión y la naturaleza descentralizada, la transparencia y las características de seguridad de las criptomonedas impulsan la innovación. Incluso si hay obstáculos que superar, las actividades continuas de investigación y desarrollo prometen desbloquear todo el potencial de las cadenas de bloques públicas. Esto allanará el camino para un futuro más igualitario y eficiente.

Cadena de bloques privada:

Una nueva era de sistemas descentralizados ha comenzado con la llegada de la tecnología Cadena de bloques, que promete una mayor transparencia, seguridad y eficiencia en una variedad de industrias. Las cadenas de bloques privadas se han convertido en herramientas efectivas para las empresas que intentan utilizar los beneficios de los libros de contabilidad distribuidos dentro de entornos controlados. Esto contrasta con el énfasis generalizado que se ha centrado en las cadenas de bloques públicas.

Las cadenas de bloques privadas, que también se conocen como cadenas de bloques autorizadas, son un tipo de sistema de contabilidad distribuida que funciona dentro de redes cerradas y restringe el acceso a los usuarios a los que se les ha otorgado permiso para usar el sistema. Las cadenas de bloques privadas, a diferencia de las cadenas de bloques públicas, son administradas por un consorcio o una sola entidad, lo que permite un mayor control sobre las operaciones de la red, la validación de las transacciones y la privacidad de los datos.

El acceso restringido es una de las cualidades que distinguen a las Cadenas de bloques privadas de las públicas. La participación en estas cadenas de bloques está restringida solo a aquellas empresas o individuos previamente aprobados, lo que garantiza la confidencialidad y el control sobre la red. A ciertos participantes se les pueden otorgar permisos que les permiten participar en transacciones, validar bloques o preservar el consenso de la red. El administrador de red puede conceder estos permisos. Gracias a este acceso restringido, las empresas pueden proteger su privacidad y control sobre los datos confidenciales. Como resultado, las cadenas de bloques privadas son adecuadas para las industrias que exigen privacidad y cumplimiento normativo.

En comparación con las cadenas de bloques públicas, la escalabilidad de las cadenas de bloques privadas es mucho mayor. Las velocidades de procesamiento de transacciones se pueden maximizar con un número restringido de participantes, lo que permite un rendimiento más rápido y una gestión de datos más eficaz. Debido a su escalabilidad superior, las cadenas de bloques privadas son una excelente opción para aplicaciones de nivel empresarial que esperan grandes volúmenes de transacciones.

Otra cualidad esencial de las cadenas de bloques privadas es una estructura de gobernanza que puede estar estrictamente controlada. Las entidades participantes en estas redes deciden la estructura de la gobernanza que se aplica a la red. Las cadenas de bloques de una sola entidad son aquellas gobernadas por una sola organización, a diferencia de las cadenas de bloques de consorcio, que son administradas colectivamente por varias organizaciones. Este control sobre la gobernanza garantiza la conformidad con los requisitos empresariales y los marcos normativos particulares, lo que permite a las empresas crear e implementar procesos de gobernanza adaptados a sus requisitos específicos.

Las organizaciones que operan en entornos controlados pueden beneficiarse del uso de cadenas de bloques privadas de diferentes maneras. Para empezar, mejoran la eficiencia simplificando una variedad de procesos y reduciendo la cantidad de trabajo administrativo requerido. Las cadenas de bloques privadas mejoran la eficiencia operativa al eliminar la necesidad de intermediarios y automatizar las transacciones basadas en la confianza. Esto ayuda a reducir los gastos y mantiene los retrasos en las transacciones al mínimo.

Los principales beneficios de usar cadenas de bloques privadas son las mejoras significativas en la confidencialidad y privacidad de los datos. Las organizaciones pueden proteger los datos patentados, los secretos comerciales y las transacciones confidenciales manteniendo el control sobre la información confidencial y restringiendo el acceso solo a las partes autorizadas. Esta funcionalidad es beneficiosa en sectores como la sanidad, las finanzas y la administración de la propiedad intelectual, que dan importancia a mantener la confidencialidad de los datos de los clientes.

Además, las cadenas de bloques privadas facilitan el cumplimiento de las regulaciones. Las cadenas de bloques privadas proporcionan un marco para las industrias que deben cumplir con estrictos requisitos regulatorios porque permiten la definición de permisos de acceso y garantizan la verificación de la identidad. Facilitan el cumplimiento de los requisitos de protección de datos, las leyes contra el lavado de dinero (AML) y otros estándares específicos de la industria, lo que a su vez reduce los costos asociados con el cumplimiento y aumenta el nivel de transparencia.

Además, las cadenas de bloques privadas fomentan la colaboración entre empresas que operan en la misma industria u organizaciones que operan dentro de un consorcio. Los participantes pueden simplificar las operaciones entre organizaciones, validar oportunamente las transacciones y permitir el intercambio seguro de datos en beneficio de todas las partes involucradas mediante la utilización de una infraestructura de cadena de bloques compartida. Esta función de colaboración aumenta la confianza, lo que a su vez disminuye la fricción y abre la puerta al potencial para la innovación y la racionalización de las operaciones.

Por otro lado, las cadenas de bloques privadas están sujetas a su propio conjunto único de problemas e inquietudes. Construir una atmósfera de confianza entre los participantes es esencial para operar Cadenas de bloques privadas. Establecer la confianza y abordar las preocupaciones relacionadas con la gobernanza de la red, los métodos de consenso y la integridad de los datos son desafíos continuos que deben manejarse adecuadamente. La gestión de estos desafíos requiere una atención constante.

Las cadenas de bloques privadas a menudo son administradas por un consorcio en lugar de una sola organización, lo que lleva a algunos a creer que carecen del mismo grado de descentralización que las cadenas de bloques públicas. Las preocupaciones sobre la censura, la posibilidad de colaboración y la dependencia de una sola autoridad se plantean debido a este control centralizado. Para mantener intacta la confianza y la transparencia en las redes privadas de Cadena de bloques, es esencial encontrar un equilibrio adecuado entre la descentralización y el control de la red.

Puede ser difícil lograr la interoperabilidad entre cadenas de bloques privadas y otras redes de cadenas de bloques o incluso con sistemas informáticos externos. En este momento, se están realizando esfuerzos para construir estándares y protocolos que permitan que la información se integre e intercambie sin problemas a través de una serie de sistemas Cadena de bloques diferentes. Las organizaciones que requieren interoperabilidad con sistemas heredados o colaboración con otras redes Cadena de bloques necesitan absolutamente tener la interoperabilidad como una competencia central.

Incluso si las cadenas de bloques privadas ofrecen una escalabilidad superior a las cadenas de bloques públicas, es importante recordar el problema de la escalabilidad cuando se trabaja con cadenas de bloques privadas. Los problemas con la escalabilidad pueden surgir cuando las aplicaciones se utilizan a gran escala o cuando los volúmenes de transacciones crecen rápidamente. Se requieren esfuerzos continuos en investigación y optimización para superar estas dificultades y garantizar que las soluciones de escalado sean efectivas.

Al pensar en el futuro, se anticipa que las cadenas de bloques privadas desempeñarán un papel clave en los contextos de sectores especializados y entornos empresariales. Las cadenas de bloques privadas continuarán ofreciendo mayor seguridad, eficiencia y privacidad a las empresas que buscan una infraestructura de cadena de bloques controlada y segura a medida que avanza la tecnología, mejoran los estándares de interoperabilidad y se resuelven las dificultades relacionadas con la escala.

Por lo tanto, las cadenas de bloques privadas brindan a las empresas una oportunidad única de utilizar los beneficios de la tecnología de cadena de bloques dentro de los límites de un entorno que controlan. Debido a su acceso limitado, mayor escalabilidad y procesos de gobernanza personalizables, las empresas pueden mejorar su nivel de seguridad, optimizar sus operaciones y asegurarse de que cumplen con las regulaciones aplicables. Aunque todavía hay obstáculos que superar, las mejoras continuas en la interoperabilidad, la escalabilidad y las medidas de fomento de la confianza prometen impulsar aún más el valor y el potencial de las cadenas de bloques privadas en el proceso de determinar el futuro de los ecosistemas e industrias empresariales.

Cadena de bloques del Consorcio:

La adopción generalizada de la tecnología Cadena de bloques ha dado lugar a una revolución en varios sectores al proporcionar redes descentralizadas y abiertas que mejoran la confianza y la productividad. Si bien las cadenas de bloques públicas y privadas han atraído mucha atención, las cadenas de bloques de consorcio han surgido como un poderoso modelo para la confianza colaborativa y la gobernanza compartida entre un grupo selecto de entidades confiables.

Las cadenas de bloques de consorcio, a menudo llamadas cadenas de bloques federadas, son redes descentralizadas que se ejecutan en el contexto de un grupo de organizaciones que trabajan juntas. Las cadenas de bloques de consorcio, a diferencia de las cadenas de bloques públicas, que son accesibles para todos, y las cadenas de bloques privadas, que son propiedad de una sola entidad, tienen una membresía restringida que consiste en un consorcio de entidades con intereses u objetivos comerciales compartidos. Esta membresía restringida logra un compromiso entre la apertura y el control al permitir un mayor grado de confianza y control entre los participantes, al tiempo que limita el número de personas que pueden unirse.

La construcción de una estructura de gobernanza por parte de los miembros del consorcio como una red Cadena de bloques es una de las características más distintivas de las Cadenas de bloques de consorcio. En el contexto de la red Cadena de bloques, este marco especifica el proceso de toma de decisiones, los procesos de consenso y las reglas para la participación de los participantes. Las cadenas de bloques de consorcio garantizan el poder compartido y la toma de decisiones comunales al establecer y acordar colectivamente el marco de gobernanza. Esto ayuda a fomentar la colaboración y alinea los intereses de las organizaciones participantes.

Las cadenas de bloques del consorcio dependen de métodos de consenso compartidos que los miembros del consorcio han predeterminado. Los requisitos del consorcio y las características de las aplicaciones construidas sobre la cadena de bloques pueden hacer que estos mecanismos adopten diversas formas. La prueba de autoridad (PoA) y la tolerancia práctica a fallas bizantinas (PBFT) son ejemplos de técnicas de consenso populares que se pueden encontrar en las cadenas de bloques de consorcio. En comparación con las cadenas de bloques públicas, las cadenas de bloques de consorcio pueden gestionar un mayor volumen de transacciones de forma eficaz debido a los procesos que permiten una validación de transacciones más rápida y una escalabilidad mejorada.

Los beneficios más significativos del uso de cadenas de bloques de consorcio son mayores niveles de privacidad y secreto. Las cadenas de bloques del consorcio proporcionan a los miembros del consorcio características de privacidad que les permiten compartir información confidencial dentro de la red cerrada del consorcio de forma segura. Se han implementado varias técnicas, como el cifrado y la restricción de acceso, para proteger la privacidad de los datos de los usuarios y mantener su anonimato mientras utilizan la red. Esta funcionalidad es esencial en sectores como la industria de la salud, el sector financiero y la gestión de la propiedad intelectual, todos los cuales manejan información confidencial con regularidad.

Las organizaciones participantes en un consorcio de Cadena de bloques podrían beneficiarse del uso de la tecnología. Promueven una cultura de confianza y colaboración entre los miembros del consorcio. Las organizaciones pueden utilizar las fortalezas de cada participante uniéndose y compartiendo autoridad sobre la red Cadena de bloques. Esto crea un ecosistema saludable que se basa en la confianza y la colaboración entre todos los participantes. Esta confianza colaborativa aumenta la apertura, reduce la fricción en los procesos que incluyen a varias organizaciones y abre la puerta al potencial para la innovación y la producción de valor compartido.

Además, las cadenas de bloques del consorcio mejoran la eficiencia operativa al reducir los procesos y facilitar el intercambio efectivo de información entre los miembros del consorcio. Esto se traduce en una mejora general de la eficiencia operativa. Las cadenas de bloques de consorcio mejoran la eficiencia operativa, ahorran gastos y eliminan los retrasos en las transacciones. Esto se logra eliminando intermediarios, reduciendo la duplicación innecesaria de esfuerzos y permitiendo una transmisión segura de datos.

Además, las cadenas de bloques de consorcio facilitan a las empresas el cumplimiento de los requisitos reglamentarios. Las cadenas de bloques de consorcio ayudan a las empresas a cumplir con las normas de protección de datos, las normas específicas de la industria y los deberes legales. Esto se logra a través de la definición de la gobernanza y las salvaguardas de la privacidad. Este componente de cumplimiento es esencial para las empresas de sectores como la sanidad, la banca y la gestión de la cadena de suministro, que están sujetas a estrictas normativas que rigen la protección de datos y la transparencia transaccional.

La escalabilidad es otro beneficio que viene con el uso de Cadenas de bloques de consorcio. Las cadenas de bloques de consorcio pueden gestionar un mayor rendimiento de transacciones y mantener operaciones de red eficientes porque operan dentro de una red limitada de participantes confiables. Debido a esta ventaja de escalado, las cadenas de bloques de consorcio pueden cumplir con los requisitos cada vez mayores de las empresas miembro sin comprometer el rendimiento.

Sin embargo, hay algunos obstáculos y cosas en las que pensar al trabajar con cadenas de bloques de consorcio. Establecer confianza entre los posibles miembros y lograr que sus intereses se alineen es necesario para el establecimiento de un consorcio. La formación de un consorcio puede requerir que los participantes entablen conversaciones, lleguen a acuerdos y definan explícitamente sus respectivos roles y deberes. Para garantizar que todos los miembros del consorcio obtengan el mismo resultado, es vital contar con estructuras de gobernanza y procedimientos de toma de decisiones eficaces. Encontrar un equilibrio adecuado entre las prioridades y los puntos de vista contrapuestos de varias personas diferentes puede ser difícil y puede requerir procedimientos para resolver conflictos.

La participación en la red y la inicialización presentan desafíos adicionales. Es vital contar con procesos ágiles para la gestión y verificación de identidades con el fin de garantizar la confianza y evitar accesos no deseados. La confidencialidad de los datos y la seguridad de la red son dos preocupaciones esenciales para las cadenas de bloques de consorcio. La protección de la información confidencial que se intercambia entre los miembros de un consorcio requiere la implementación de medidas estrictas como el cifrado, los controles de acceso y los procedimientos de auditoría.

Al mirar hacia el futuro, las cadenas de bloques de consorcio representan un enorme potencial para fomentar la colaboración, la creatividad y las soluciones específicas de la industria. Se prevé que las cadenas de bloques de consorcio experimenten una creciente adopción en diversas industrias a medida que las empresas se vuelvan más conscientes de los beneficios de la confianza colaborativa y la gobernanza compartida. Esto probablemente se traducirá en mayores niveles de eficiencia, transparencia y cambio transformador.

Por último, las cadenas de bloques de consorcio proporcionan a las empresas interesadas en utilizar los beneficios de la tecnología Cadena de bloques un modelo de confianza cooperativa basado en la colaboración. La colaboración segura, los procesos más rápidos y el cumplimiento normativo son posibles gracias a sus características, que incluyen membresía restringida, gobernanza compartida y protecciones de privacidad mejoradas. Las cadenas de bloques de consorcio proporcionan una plataforma poderosa para soluciones específicas de la industria y la innovación colaborativa, a pesar de que existen dificultades que superar. A medida que más empresas aprovechan las ventajas que ofrecen estos libros de contabilidad distribuidos, las cadenas de bloques de consorcio tienen una mayor probabilidad de alterar muchas industrias.

En conclusión, las muchas variedades de cadenas de bloques, incluidas las cadenas de bloques públicas, privadas y de consorcio, ofrecen cualidades y beneficios distintivos que se adaptan a ciertos casos de uso y a los requisitos de las organizaciones individuales. Las cadenas de bloques públicas ofrecen un entorno descentralizado y transparente que es muy seguro, pero tienen problemas en términos de escalabilidad y la cantidad de energía que consumen. Las cadenas de bloques privadas tienen el potencial de ofrecer una mayor escalabilidad, una mayor privacidad y un mayor control; Sin embargo, también introducen la centralización y reducen la confianza. Las cadenas de bloques desarrolladas por consorcios logran un compromiso entre apertura y control, lo que hace posible que varios grupos trabajen juntos en un proyecto.

Para seleccionar la estrategia que va a ser la más efectiva para una determinada aplicación, es vital tener una comprensión sólida de las características, beneficios e inconvenientes de cada forma de Cadena de bloques. Estas aplicaciones pueden abarcar desde transacciones financieras y gestión de cadenas de suministro hasta sistemas de atención médica y gobernanza. A medida que avanza la tecnología Cadena de bloques, la búsqueda de soluciones novedosas para abordar las dificultades que plantean los diversos tipos de Cadenas de bloques y maximizar los beneficios ofrecidos allanará el camino para una adopción generalizada y un impacto transformador en diversas industrias. Podemos utilizar el poder de la cadena de bloques para crear innovación, transparencia y eficiencia en una variedad de industrias si aprovechamos las características que posee cada tipo de cadena de bloques.

Capítulo II

El papel de la cadena de bloques en la confianza y la transparencia

Abordar los problemas de confianza en los sistemas tradicionales

Tanto en el ámbito profesional como en el privado, la confianza es una cualidad indispensable para el éxito de la conexión. Es la base sobre la que se establecen y mantienen todas las interacciones, transacciones y asociaciones. Los sistemas tradicionales, por otro lado, a menudo luchan con dificultades de confianza que son intrínsecas a ellos, lo que impide tanto las operaciones eficientes como el crecimiento. En esta sección, analizamos las dificultades asociadas con la confianza en las instituciones tradicionales. Exploraremos temas como la asimetría del conocimiento, la dependencia de intermediarios y la susceptibilidad al fraude. A continuación, analizamos el papel que desempeñan los avances tecnológicos y el pensamiento creativo en la resolución de estas dificultades de confianza y en la preparación del camino para procedimientos más abiertos, seguros y eficaces.

Un problema común con los sistemas tradicionales es algo llamado asimetría de información, que ocurre cuando una parte posee más conocimiento que la otra. Este desequilibrio hace que sea más probable que la parte desfavorecida experimente sentimientos de incertidumbre o se desvíe. Es posible que los prestatarios o inversores, por ejemplo, no tengan acceso a toda la información relevante sobre el prestamista o la oportunidad de inversión mientras participan en transacciones financieras como préstamos o inversiones. La distribución desigual de la información puede generar desconfianza, lo que a su vez obstaculiza la expansión de los mercados financieros y ralentiza el crecimiento económico general.

Otro aspecto clave que contribuye a los problemas de confianza en los sistemas antiguos es la dependencia de los intermediarios. Los intermediarios actúan como terceros fiables en diversos sectores, lo que permite la realización de transacciones sin problemas, al tiempo que confirman las identidades y ofrecen garantías. Por otro lado, el uso de intermediarios da lugar a la introducción de gastos adicionales, retrasos y vulnerabilidades. La confianza que se deposita en estos intermediarios da como resultado la creación de un único punto de falla que es propenso a errores, corrupción o comportamiento intencionalmente dañino. Esta dependencia de los intermediarios crea barreras a la transparencia y plantea dudas sobre la capacidad de las transacciones para mantener su integridad.

En los sistemas tradicionales, el fraude es uno de los desafíos más persistentes, lo que socava la confianza entre las partes involucradas. El robo de identidad, la venta de productos falsificados y las transacciones financieras fraudulentas siguen siendo problemas importantes tanto para las personas como para las empresas, causando enormes daños en cada caso. Es común que los sistemas tradicionales tengan dificultades para prevenir y detectar adecuadamente la actividad fraudulenta, lo que puede resultar en pérdidas monetarias, conflictos legales y reputaciones arruinadas. Los sistemas tradicionales se ven obstaculizados en su capacidad para expandirse y ser más eficaces cuando no existen medidas de seguridad adecuadas para identificar y prevenir la actividad fraudulenta.

La resolución de estos problemas de confianza en las instituciones tradicionales dependerá en gran medida de la aplicación de la tecnología y la creatividad. Los recientes avances en la tecnología de la información y la comunicación han allanado el camino para la creación de soluciones innovadoras que mejoran la visibilidad, la seguridad y la productividad. Cadena de bloques es un ejemplo de un avance técnico que tiene el potencial de erradicar la necesidad de intermediarios. Un sistema de contabilidad descentralizado y abierto se llama Cadena de bloques. En un libro mayor distribuido conocido como cadena de bloques, las transacciones se registran de una manera que no se puede alterar y es permanente. Este libro mayor está abierto a todos los miembros de la red. Esta transparencia ayuda a generar confianza entre las partes, ya que les permite verificar de forma independiente las transacciones y garantizar la honestidad. La tecnología Cadena de bloques mitiga los riesgos asociados a la asimetría de la información y minimiza la vulnerabilidad al fraude al eliminar intermediarios y descentralizar la confianza. Ofrece un entorno abierto y de confianza en el que los participantes pueden realizar transacciones y hacer crecer sus relaciones de confianza mutua.

El desarrollo de sistemas de identificación descentralizados es otro ejemplo de cómo el progreso tecnológico puede ayudar a abordar los problemas de confianza. Debido a que los sistemas tradicionales dependen de autoridades centralizadas para verificar y autenticar identidades, esto deja a las personas y organizaciones expuestas al riesgo de que su información sea robada o sus sistemas comprometidos. A las personas se les da poder sobre sus identidades mediante sistemas de identificación descentralizados, que utilizan Cadena de bloques y otras tecnologías criptográficas. Estas soluciones eliminan la dependencia de intermediarios, promueven la privacidad y permiten a las personas afirmar con confianza sus identidades digitales. Para ello, gestionan y validan identidades de forma segura. Garantizan la honestidad y la integridad de las transacciones relacionadas con la identidad, lo que a su vez genera confianza entre las partes involucradas.

Los contratos inteligentes, también conocidos como acuerdos programables y autoejecutables, proporcionan un camino adicional para aumentar los niveles de confianza en los sistemas operados tradicionalmente. Estos contratos se inscriben en una cadena de bloques, y cuando se cumplen ciertos criterios, automáticamente llevarán a cabo las acciones que se hayan establecido para ellos. Los contratos inteligentes mejoran el nivel de transparencia dentro de una transacción al eliminar la necesidad de intermediarios humanos y, en cambio, confiar en un código informático a prueba de manipulaciones. Además, eliminan cualquier posibilidad de incumplimiento o manipulación. Las partes pueden confiar en que las obligaciones contractuales se cumplirán según lo acordado, minimizando así la probabilidad de disputas y aumentando la probabilidad de confianza. La necesidad de intermediarios puede minimizarse y aumentar la eficiencia gracias a la capacidad de los contratos inteligentes para acelerar y automatizar el proceso de negociación contractual.

La utilización de algoritmos basados en inteligencia artificial (IA) y aprendizaje automático (ML) también es muy útil para abordar los problemas de confianza. Estas tecnologías pueden examinar cantidades masivas de datos, reconocer tendencias y detectar irregularidades o acciones fraudulentas con un mayor nivel de precisión y eficiencia que los métodos más convencionales. Mediante el uso de la IA y el ML, las empresas pueden identificar y mitigar los riesgos de forma proactiva, aumentando así los niveles de confianza y reduciendo el número de casos de fraude que se producen en diversos sectores, como la banca, la ciberseguridad y la gestión de la cadena de suministro. Estas tecnologías ofrecen procesos efectivos para prevenir el fraude, detectarlo temprano y gestionar los riesgos, lo que fortalece la confianza en los sistemas tradicionales.

A pesar de que la tecnología juega un papel importante, la construcción de confianza también requiere la existencia de un ambiente hospitalario que fomente comportamientos transparentes, responsables y éticos. Es necesario establecer marcos regulatorios y estándares de la industria para supervisar el uso de tecnologías en desarrollo, salvaguardar los derechos de los usuarios y garantizar una gestión responsable de los datos. Es vital que las diversas partes interesadas de la industria, los responsables políticos y los tecnólogos trabajen juntos para establecer la confianza y permitir la adopción de soluciones tecnológicas de manera ética y responsable. Al cooperar entre sí, estas partes interesadas podrán construir un ecosistema confiable que facilitará la incorporación ininterrumpida de la tecnología en los procedimientos establecidos.

En conclusión, los problemas de confianza presentan desafíos sustanciales en los sistemas convencionales, lo que impide la apertura, la eficiencia y el progreso. Sin embargo, el avance tecnológico y la resolución creativa de problemas presentan algunas perspectivas alentadoras para abordar estas preocupaciones. Mientras que la tecnología Cadena de bloques elimina a los intermediarios y hace que las transacciones sean más transparentes, las soluciones de identidad descentralizadas brindan a los usuarios más control sobre sus identidades en línea. Los procedimientos contractuales pueden agilizarse y automatizarse mediante el uso de contratos inteligentes, lo que se traduce en menos desacuerdos y una mayor confianza. El uso de algoritmos de IA y ML contribuye a la prevención y detección del fraude. Estas mejoras técnicas, cuando se combinan con la construcción de marcos regulatorios rigurosos y estándares de la industria, allanan el camino para sistemas más transparentes, seguros y eficientes. Al adoptar estos avances, podemos cultivar la confianza e impulsar las instituciones establecidas hacia una transformación positiva, lo que conducirá a la ventaja de los individuos, las empresas y la sociedad en su conjunto.

Mejora de la transparencia a través de la tecnología Cadena de bloques

La transparencia es un elemento fundamental para establecer la confianza y la rendición de cuentas en diversos sectores. Los sistemas tradicionales a menudo enfrentan desafíos para lograr la transparencia debido al control centralizado, la asimetría de la información y la falta de mecanismos para verificar y validar los datos. Sin embargo, con la aparición de la tecnología Cadena de bloques, existe una solución potencial para mejorar la transparencia de una manera revolucionaria. En esta sección, exploraremos el papel de la tecnología Cadena de bloques en la mejora de la transparencia. Examinaremos las características fundamentales de la cadena de bloques, como la descentralización, la inmutabilidad y los mecanismos de consenso, y analizaremos cómo estas características contribuyen a la transparencia. Al comprender las capacidades e implicaciones de la tecnología Cadena de bloques, podemos apreciar su potencial transformador para fomentar la transparencia en diversas industrias.

La transparencia es crucial para generar confianza, promover la rendición de cuentas y garantizar la equidad en varios sectores. Los sistemas transparentes brindan a las partes interesadas acceso a información precisa y completa, lo que les permite tomar decisiones informadas y responsabilizar a los participantes por sus acciones. Sin embargo, los sistemas tradicionales a menudo enfrentan desafíos para lograr la transparencia debido al control centralizado, la falta de confianza en los intermediarios, la asimetría de la información y la manipulación de datos. Estos desafíos obstaculizan la transparencia, lo que conduce a ineficiencias, fraude y desconfianza.

La tecnología Cadena de bloques posee características fundamentales que contribuyen a la transparencia. La descentralización es una característica central de la cadena de bloques, en la que el libro mayor se distribuye a través de una red de nodos, lo que elimina el requisito de una autoridad central. Esta estructura descentralizada mejora la transparencia al garantizar que ninguna entidad tenga control sobre todo el sistema. Cada participante mantiene una copia de la cadena de bloques, lo que permite la validación y verificación de las transacciones por parte de la red.

La inmutabilidad es otra característica crítica de Cadena de bloques que garantiza la integridad y transparencia de los datos. Una vez que una transacción se registra en la cadena de bloques, se vuelve prácticamente imposible de alterar o eliminar sin ser detectada. Esta inmutabilidad proporciona un registro auditable y a prueba de manipulaciones de las transacciones, lo que permite la transparencia y la rendición de cuentas.

Los mecanismos de consenso, como Proof of Work (PoW) y Proof of Stake (PoS), permiten acordar entre los participantes la validez y el orden de las transacciones. A través del consenso, Cadena de bloques garantiza que todos los participantes tengan una visión compartida del estado del libro mayor. Los mecanismos de consenso mejoran la transparencia al prevenir actividades fraudulentas o maliciosas y establecer confianza en el sistema.

La tecnología Cadena de bloques ofrece varias vías para mejorar la transparencia en los sistemas tradicionales. Un aspecto destacable es la provisión de un libro de contabilidad público e inmutable. Todas las transacciones registradas en la cadena de bloques son visibles para los participantes, lo que crea un sistema sin confianza y a prueba de manipulaciones. Las redes públicas de Cadena de bloques como Bitcoin y Ethereum permiten a cualquier persona acceder y auditar el historial de transacciones, lo que garantiza la transparencia y la responsabilidad.

Cadena de bloques también puede mejorar la transparencia en las cadenas de suministro. Al proporcionar un registro descentralizado e inmutable de los movimientos y transacciones de los productos, los participantes pueden rastrear el origen, el viaje y la autenticidad de los productos. Esto permite una mayor visibilidad y reduce la falsificación, el fraude y las prácticas poco éticas en la cadena de suministro.

Los sistemas financieros transparentes son otro dominio en el que la tecnología Cadena de bloques puede revolucionar las operaciones. Mediante el uso de contratos inteligentes, los procesos financieros pueden automatizarse, ejecutarse y registrarse en la cadena de bloques, lo que garantiza la transparencia y elimina la necesidad de intermediarios. Esto se traduce en una mayor eficiencia, menores costes y menores riesgos de fraude en las transacciones financieras.

Los sistemas de votación también pueden beneficiarse de la tecnología Cadena de bloques. Al registrar los votos en la cadena de bloques, los participantes pueden validar de forma independiente la precisión e integridad de los resultados, lo que reduce el potencial de manipulación o manipulación. Esta transparencia fortalece los procesos democráticos y fomenta la confianza en el sistema electoral.

Si bien la tecnología Cadena de bloques tiene un inmenso potencial para mejorar la transparencia, también enfrenta ciertos desafíos y consideraciones. La escalabilidad es una preocupación importante, ya que la naturaleza descentralizada de Cadena de bloques requiere que todos los participantes validen y almacenen cada transacción, lo que puede resultar en tiempos de procesamiento de transacciones más lentos. Sin embargo, la investigación y el desarrollo en curso en soluciones de escalabilidad, como los protocolos de capa 2 y la fragmentación, tienen como objetivo abordar este desafío.

También hay que tener en cuenta las preocupaciones sobre la privacidad. Si bien Cadena de bloques proporciona transparencia, ciertas industrias, como la atención médica, requieren la protección de información confidencial. Se están explorando soluciones de cadena de bloques que equilibren la transparencia y la privacidad, como las pruebas de conocimiento cero y la divulgación selectiva, para abordar estas preocupaciones.

Además, es crucial establecer marcos regulatorios apropiados que equilibren la innovación, la transparencia y la privacidad. Se necesitan esfuerzos de colaboración entre las partes interesadas de la industria, los responsables políticos y los reguladores para garantizar un entorno regulatorio favorable y adaptable para la tecnología Cadena de bloques.

La tecnología Cadena de bloques tiene el potencial de crear sistemas confiables y responsables en varios sectores. Las cadenas de suministro, los sistemas financieros y los procesos de gobernanza transparentes fomentan la confianza, reducen el fraude y empoderan a las partes interesadas. La tecnología Cadena de bloques aumenta la efectividad, reduce los costos y agiliza la liquidación de las transacciones, al tiempo que mantiene la confianza al eliminar la necesidad de intermediarios.

Además, la tecnología Cadena de bloques tiene el potencial de democratizar el acceso a la información y los recursos. A través de redes descentralizadas, las personas y las empresas de las regiones desatendidas pueden participar en sistemas transparentes e inclusivos, fomentando el empoderamiento económico y reduciendo la desigualdad.

La tecnología Cadena de bloques se ha convertido en una potente herramienta para mejorar la transparencia en los sistemas tradicionales. Su naturaleza descentralizada, inmutabilidad y mecanismos de consenso contribuyen a la creación de entornos transparentes y confiables. Al aprovechar la tecnología Cadena de bloques, las industrias pueden revolucionar las cadenas de suministro, los sistemas financieros, los procesos de votación y los sistemas de gobernanza. Si bien existen desafíos en cuanto a la escalabilidad, la privacidad y los marcos regulatorios, la investigación en curso y los esfuerzos de colaboración tienen como objetivo abordar estas preocupaciones. A medida que la tecnología Cadena de bloques evoluciona, su impacto en la mejora de la transparencia en diversas industrias seguirá creciendo, lo que conducirá a sistemas más responsables, eficientes y equitativos.

Ejemplos del mundo real de aplicaciones de Cadena de bloques en diversas industrias

En los últimos años, la tecnología Cadena de bloques ha atraído una cantidad sustancial de atención debido a su potencial para cambiar una variedad de industrias diferentes. Debido a su estructura descentralizada y transparente, junto con características como la inmutabilidad y la seguridad, es una opción adecuada para abordar las dificultades en diversas industrias. En los siguientes párrafos, investigaremos varios usos de la tecnología Cadena de bloques en el mundo real, centrándonos en el efecto revolucionario que estas aplicaciones han tenido en sus respectivos campos. Investigaremos cómo la tecnología Cadena de bloques está alterando los procedimientos establecidos y abriendo nuevas oportunidades en diversas industrias, como el sector financiero, la atención médica y los sistemas de votación. Al comprender estas aplicaciones específicas, podemos tener una mejor idea de la amplitud de las posibles aplicaciones de Cadena de bloques y el valor que ofrece a una variedad de industrias.

La tecnología Cadena de bloques ha facilitado avances significativos en el sector financiero y bancario. Por ejemplo, los pagos transfronterizos se han vuelto más rápidos, eficientes y rentables a través de redes de pago basadas en Cadena de bloques como RippleNet. Estas redes permiten liquidaciones en tiempo real y reducen la necesidad de intermediarios, lo que se traduce en tarifas más bajas y una mayor transparencia. Los procesos de financiación del comercio también se han agilizado a través de la cadena de bloques, con plataformas como we.trade y Marco Polo que proporcionan plataformas seguras y transparentes para el seguimiento y la verificación de las transacciones. Las finanzas descentralizadas (DeFi) son otro sector emergente que utiliza Cadena de bloques para crear sistemas financieros abiertos y accesibles. Plataformas como MakerDAO y Compound ofrecen exchanges descentralizados, plataformas de préstamos y stablecoins, lo que permite realizar transacciones, préstamos y préstamos entre pares sin intermediarios.

La tecnología Cadena de bloques ha tenido un profundo impacto en la gestión de la cadena de suministro, proporcionando una mayor transparencia y trazabilidad. Por ejemplo, Cadena de bloques se está utilizando en la trazabilidad de los alimentos, lo que permite a empresas como Walmart y Food Trust de IBM rastrear el viaje de los productos alimenticios desde la granja hasta la mesa. Esto garantiza la seguridad alimentaria, reduce el fraude y permite a los consumidores tomar decisiones informadas. Cadena de bloques también está transformando la autenticación de artículos de lujo, con marcas como LVMH y Everledger utilizando Cadena de bloques para crear certificados digitales y combatir la falsificación. En la industria farmacéutica, la cadena de bloques se está aprovechando para mejorar la integridad y la transparencia de la cadena de suministro. Empresas como MediLedger y Chronicled utilizan Cadena de bloques para rastrear y verificar el movimiento de medicamentos, reduciendo el riesgo de medicamentos falsificados y garantizando la seguridad del paciente.

La tecnología Cadena de bloques tiene la capacidad de revolucionar los sistemas de atención médica, particularmente en áreas como los registros médicos electrónicos (EHR), los ensayos clínicos y la integridad de la cadena de suministro de medicamentos. Cadena de bloques proporciona una plataforma segura e interoperable para almacenar y compartir EHR, lo que permite un intercambio de datos fluido entre los proveedores de atención médica al tiempo que garantiza la privacidad y seguridad del paciente. Proyectos como MedRec y Solve.Care están aprovechando Cadena de bloques para mejorar la eficiencia de los sistemas de atención médica, permitir una atención centrada en el paciente y mejorar la privacidad y seguridad de los datos. En el ámbito de los ensayos clínicos, Cadena de bloques mejora la transparencia y la integridad al registrar y verificar de forma segura los datos de los ensayos. Plataformas como Evident Proof y FarmaTrust utilizan Cadena de bloques para prevenir el fraude y garantizar la fiabilidad de los resultados. Además, Cadena de bloques se está utilizando para abordar los desafíos de la cadena de suministro de medicamentos, proporcionando un registro transparente y auditable del movimiento de medicamentos. Empresas como Blockpharma y DHL aprovechan la cadena de bloques para rastrear la autenticidad y procedencia de los medicamentos, reduciendo los medicamentos falsificados y mejorando la seguridad del paciente.

La tecnología Cadena de bloques ofrece soluciones seguras y transparentes para los sistemas de votación. Proyectos como Voatz y Follow My Vote utilizan Cadena de bloques para garantizar la integridad de los votos, evitar la manipulación y aumentar la confianza en el proceso electoral. Los sistemas de votación basados en Cadena de bloques permiten a las personas verificar de forma independiente la exactitud e integridad de los resultados, fortaleciendo así los procesos democráticos. Además, Cadena de bloques se está utilizando para agilizar los procesos de voto por delegación en el gobierno corporativo. Empresas como Broadridge Financial Solutions y Computershare utilizan Cadena de bloques para permitir una votación eficiente y transparente de los accionistas, reduciendo los errores manuales y mejorando el gobierno corporativo.

La tecnología Cadena de bloques está haciendo contribuciones significativas al sector de la energía y la sostenibilidad. Está facilitando el comercio de energía entre pares y la gestión descentralizada de la red. Plataformas como Power Ledger y Grid+ permiten a las personas y a las empresas comerciar con energía renovable y optimizar la distribución de la energía, promoviendo la sostenibilidad y reduciendo la dependencia de las fuentes de energía tradicionales. Cadena de bloques también se está utilizando para rastrear créditos de carbono y verificar iniciativas de reducción de emisiones. Proyectos como Climatecoin y Veridium crean sistemas transparentes y auditables para rastrear las emisiones de carbono, incentivar prácticas sostenibles y combatir el cambio climático.

La tecnología Cadena de bloques está dando pasos significativos en la transformación de varias industrias. Los ejemplos del mundo real destacan el potencial de Cadena de bloques en las finanzas, la gestión de la cadena de suministro, la atención médica, los sistemas de votación, la energía y la sostenibilidad. Al proporcionar transparencia, seguridad y descentralización, Cadena de bloques revoluciona los procesos tradicionales, mejora la confianza y crea nuevas oportunidades para la eficiencia y la innovación. A medida que la tecnología avanza y se usa con más frecuencia, podemos esperar aún más aplicaciones de Cadena de bloques en el mundo real, impulsando un cambio positivo en diversos sectores y remodelando nuestro futuro.

Capítulo III

Componentes y arquitectura
de la cadena de bloques

Bloques, transacciones y la estructura de datos de la cadena de bloques

La capacidad de la tecnología Cadena de bloques para alterar los modelos de negocio existentes al ofrecer mecanismos de verificación y mantenimiento de registros confiables, abiertos y descentralizados para las transacciones financieras ha atraído mucho interés recientemente. El corazón de esta tecnología se encuentra en los conceptos de bloques, transacciones y la estructura de datos de la cadena de bloques. Esta sección profundiza en los aspectos fundamentales de los bloques, las transacciones y la estructura de datos de la cadena de bloques. Exploramos sus funciones en la creación de confianza y transparencia, destacando su importancia para garantizar la integridad y la seguridad de los sistemas Cadena de bloques.

La tecnología Cadena de bloques opera mediante el uso de bloques y transacciones. Un bloque es una estructura de datos que consiste en un conjunto de transacciones, que sirve como un bloque de construcción fundamental del sistema Cadena de bloques. Cada bloque tiene un identificador único, una marca de tiempo, una referencia al bloque anterior y un hash criptográfico que garantiza la integridad del contenido del bloque. Por el contrario, las transacciones representan la transferencia de activos digitales o la ejecución de contratos inteligentes. Contienen información sobre el remitente, el destinatario, el tipo de activo y las condiciones o parámetros asociados. Una vez validadas, las transacciones se convierten en una parte inmutable de la historia de la cadena de bloques.

La estructura de datos de la cadena de bloques comprende una cadena de bloques, cada uno de los cuales está conectado a su bloque anterior a través de un hash criptográfico. Esta cadena funciona como un libro de contabilidad público que almacena el historial de todas las transacciones que han tenido lugar dentro de la red Cadena de bloques. Al vincular bloques en un orden lineal y cronológico, la estructura de datos de la cadena de bloques garantiza la integridad e inmutabilidad de las transacciones registradas.

Los mecanismos de consenso son cruciales en la estructura de datos de la cadena de bloques. Permiten a los participantes de la red validar y acordar el contenido de cada bloque. Los mecanismos de consenso, como la prueba de trabajo (PoW) o la prueba de participación (PoS), garantizan que todos los participantes lleguen a un consenso sobre la validez y el orden de las transacciones. Este mecanismo de acuerdo evita que actores maliciosos manipulen el historial de la cadena de bloques y garantiza la confiabilidad de los datos registrados.

El hash criptográfico mejora aún más la integridad y la seguridad de la estructura de datos de la cadena de bloques. Cada bloque contiene un hash criptográfico especial que se realiza en función del contenido del bloque. Este hash actúa como una huella digital, verificando la autenticidad e integridad del bloque. Cualquier manipulación del contenido del bloque daría lugar a una falta de coincidencia de hash, lo que indicaría inmediatamente una violación de la integridad de la cadena de bloques.

La tecnología Cadena de bloques está diseñada para generar confianza y transparencia de varias maneras. En primer lugar, la descentralización elimina la necesidad de una autoridad central o un intermediario para verificar y validar las transacciones. En cambio, el proceso de verificación se distribuye a través de una red de participantes, conocidos como nodos o mineros. Este consenso descentralizado garantiza que ninguna entidad pueda controlar o manipular el historial de transacciones, promoviendo la confianza y la transparencia entre los participantes.

La transparencia es otro aspecto clave de la tecnología Cadena de bloques. Todos los participantes tienen acceso a todo el historial de transacciones, lo que dificulta que las actividades fraudulentas o maliciosas pasen desapercibidas. Esta transparencia mejora la confianza y la responsabilidad, ya que la cadena de bloques sirve como una fuente compartida de verdad que cualquier participante puede verificar de forma independiente.

Además, la inmutabilidad de la estructura de datos de la cadena de bloques fortalece la confianza y la seguridad. Una vez que se agrega un bloque a la cadena de bloques, se vuelve prácticamente inmutable. El hash criptográfico y la interconexión de los bloques hacen que sea extremadamente difícil alterar el contenido de un bloque sin afectar a toda la cadena. Esta inmutabilidad garantiza que las transacciones registradas no puedan ser manipuladas, lo que proporciona una gran confianza y seguridad.

La tecnología Cadena de bloques continúa evolucionando, incorporando avances que mejoran la confianza, la transparencia y la funcionalidad. Los contratos inteligentes, por ejemplo, son contratos autoejecutables almacenados en la cadena de bloques. Permiten la ejecución automática de acciones predefinidas cuando se cumplen las condiciones especificadas. Los contratos inteligentes mejoran la funcionalidad de la estructura de datos de la cadena de bloques al permitir transacciones más complejas y procesos automatizados, lo que mejora aún más la confianza y la transparencia.

Las cadenas laterales y las soluciones de capa 2 abordan los desafíos de escalabilidad y flexibilidad que enfrentan las redes Cadena de bloques. Las cadenas laterales permiten la creación de cadenas separadas que pueden interactuar con la cadena de bloques principal, descargando parte del procesamiento de transacciones para mejorar la escalabilidad. Las soluciones de capa 2, como los canales de estado o los canales de pago, permiten transacciones más rápidas y rentables al realizarlas fuera de la cadena y liquidar el resultado final en la cadena de bloques principal.

Los tokens no fungibles (NFT) aprovechan la estructura de datos de la cadena de bloques para representar activos digitales especiales, como arte digital o objetos de colección. Proporcionan pruebas de propiedad y procedencia, creando un nuevo paradigma para la propiedad digital y la gestión de activos. Los NFT mejoran la confianza y la transparencia al permitir una propiedad verificable y un historial de transacciones transparente para activos digitales únicos.

Los conceptos de bloques, transacciones y la estructura de datos de la cadena de bloques forman la base de la confianza y la transparencia en la tecnología de la cadena de bloques. La estructura de datos de la cadena de bloques garantiza la integridad, la inmutabilidad y la transparencia de las transacciones registradas a través de la vinculación segura de las transacciones en una cadena de bloques. Con la descentralización, la transparencia y la inmutabilidad, se fomenta la confianza entre los participantes, lo que permite transacciones seguras y confiables. A medida que la tecnología Cadena de bloques evoluciona e incorpora avances como contratos inteligentes, cadenas laterales, soluciones de capa 2 y NFT, el potencial para mejorar la confianza, la transparencia y las aplicaciones innovadoras dentro de los ecosistemas Cadena de bloques crece exponencialmente. El desarrollo continuo de las estructuras de datos de Cadena de bloques promete transformar las industrias y revolucionar la forma en que realizamos transacciones, compartimos información y generamos confianza en la era digital.

Principios criptográficos en Cadena de bloques: firmas digitales y funciones hash

Los principios criptográficos juegan un papel fundamental para garantizar la seguridad e integridad de la tecnología Cadena de bloques. En esta sección, exploraremos dos componentes criptográficos esenciales de la cadena de bloques: las firmas digitales y las funciones hash. Profundizaremos en los principios, mecanismos y aplicaciones subyacentes de estas herramientas criptográficas dentro del contexto de la cadena de bloques. Comprender la importancia de las firmas digitales y las funciones hash iluminará las sólidas medidas de seguridad de la tecnología Cadena de bloques, lo que permitirá la confianza, la confidencialidad y la inmutabilidad.

Las firmas digitales son técnicas criptográficas que autentican y verifican la integridad en el ámbito digital. Permiten a las personas firmar documentos y transacciones digitales, proporcionando un mecanismo para verificar la autenticidad del remitente y la integridad del mensaje.

Las firmas digitales se basan en la criptografía de clave pública, que implica un par de claves relacionadas matemáticamente: una clave privada y una clave pública correspondiente. El firmante almacena el secreto de la clave privada mientras que la clave pública se distribuye abiertamente. Para crear una firma digital, el remitente utiliza su clave privada para realizar una operación matemática sobre el mensaje, generando una firma digital única. A continuación, el destinatario puede utilizar la clave pública del remitente para verificar la autenticidad de la firma.

En Cadena de bloques, las firmas digitales son cruciales para validar las transacciones y garantizar la integridad de los datos. Cada transacción en la cadena de bloques está firmada virtualmente por el remitente utilizando su clave privada. El destinatario o los participantes de la red pueden utilizar la clave pública del remitente para validar la firma, garantizando que el remitente legítimo autorizó la transacción y no ha sido manipulado.

Las funciones hash son algoritmos criptográficos que transforman datos de tamaño arbitrario en valores de longitud fija denominados resúmenes hash o valores hash. Las funciones hash producen una salida única para cada entrada única, lo que permite que los datos se verifiquen de forma segura y eficiente.

Las funciones hash poseen varias propiedades esenciales que las hacen ideales para proteger la integridad de los datos. Estas propiedades incluyen el determinismo, la resistencia previa a la imagen, la resistencia a las colisiones y el efecto de avalancha. El determinismo garantiza que la misma entrada siempre produzca la misma salida hash. La resistencia previa a la imagen hace que sea computacionalmente inviable determinar la entrada original a partir de su valor hash. La resistencia a las colisiones garantiza que encontrar dos entradas diferentes que produzcan la misma salida de hash sea altamente improbable. El efecto avalancha garantiza que incluso un pequeño cambio en los datos de entrada dará como resultado un valor hash drásticamente diferente.

En el contexto de la cadena de bloques, las funciones hash desempeñan un papel fundamental. Cada bloque de la cadena de bloques comprende un valor hash del bloque anterior, creando una cadena de bloques a prueba de manipulaciones. Cualquier cambio en los datos de un bloque daría como resultado un valor hash diferente, rompiendo así la cadena y alertando a la red sobre intentos de manipulación. Las funciones hash también se utilizan para verificar la integridad de los datos almacenados dentro de un bloque, lo que garantiza que las transacciones o la información permanezcan sin cambios.

Las firmas digitales y las funciones hash trabajan juntas de forma sinérgica para proporcionar seguridad e integridad en la tecnología Cadena de bloques. Antes de firmar una transacción, los datos del remitente se pasan a través de una función hash, generando un valor hash. A continuación, el remitente firma digitalmente el valor hash utilizando su clave privada, generando una firma digital. El destinatario o los participantes de la red pueden verificar la autenticidad e integridad de la transacción aplicando la clave pública del remitente a la firma virtual y comparándola con el valor hash obtenido de los datos de la transacción recibidos.

La combinación de las firmas digitales y las funciones hash de la tecnología Cadena de bloques ofrece varios beneficios clave. En primer lugar, garantiza que las transacciones sean a prueba de manipulaciones, ya que cualquier alteración de los datos de la transacción daría lugar a un valor hash diferente y rompería la verificación de la firma digital. En segundo lugar, proporciona el no repudio, lo que significa que el remitente no puede negar el envío de la transacción, ya que su firma digital está vinculada de forma única a los datos de la transacción. En tercer lugar, permite la confidencialidad, ya que solo el destinatario previsto que posee la clave privada correspondiente puede descifrar los datos cifrados de la transacción.

Si bien las firmas digitales y las funciones hash son parte integral de la seguridad de la cadena de bloques, también introducen una sobrecarga computacional. Los recursos computacionales necesarios para generar y verificar firmas digitales y hash de grandes cantidades de datos pueden afectar la eficiencia y escalabilidad de las redes Cadena de bloques. Para abordar estas preocupaciones, se están explorando técnicas de optimización y algoritmos criptográficos alternativos, como la criptografía de curva elíptica (ECC), para mejorar la eficiencia sin comprometer la seguridad.

La aparición de la computación cuántica supone una amenaza potencial para los algoritmos criptográficos tradicionales. A medida que avanzan las computadoras cuánticas, pueden romper los esquemas de cifrado que se utilizan actualmente en la tecnología Cadena de bloques. Por lo tanto, los investigadores están desarrollando activamente algoritmos criptográficos poscuánticos que puedan resistir los ataques de las computadoras cuánticas mientras mantienen la seguridad e integridad de los sistemas Cadena de bloques.

La tecnología Cadena de bloques está evolucionando para incorporar técnicas de mejora de la privacidad para proteger los datos confidenciales. Las pruebas de conocimiento cero, el cifrado homomórfico y las firmas en anillo son herramientas criptográficas que permiten cálculos seguros y privacidad de datos dentro del contexto de la cadena de bloques. Estas técnicas tienen como objetivo lograr un equilibrio entre la transparencia y la confidencialidad, permitiendo la divulgación selectiva de la información y preservando al mismo tiempo la integridad del sistema en general.

Las firmas digitales y las funciones hash son parte integral de los fundamentos criptográficos de la tecnología Cadena de bloques. Las firmas digitales garantizan la autenticidad e integridad de las transacciones, mientras que las funciones hash aseguran los datos y mantienen la inmutabilidad de la cadena de bloques. Su sinergia proporciona las garantías de seguridad necesarias, lo que permite la confianza, la confidencialidad y la resistencia a la manipulación dentro del contexto de la cadena de bloques. A medida que la tecnología Cadena de bloques continúa evolucionando, los avances en las técnicas criptográficas, como la criptografía poscuántica y los mecanismos de preservación de la privacidad, fortalecerán aún más la seguridad y la privacidad de los sistemas Cadena de bloques, desbloqueando nuevas posibilidades de innovación y confianza en diversas industrias.

Los contratos inteligentes y su papel en la automatización de la confianza

El uso de contratos inteligentes como una aplicación innovadora de la tecnología Cadena de bloques ha dado lugar a un cambio de paradigma en la forma en que se llevan a cabo y se hacen cumplir los acuerdos. En esta sección, investigaremos la idea de los contratos inteligentes y la función que desempeñan en el proceso de automatización de la confianza. Entraremos en las ideas, métodos y aplicaciones fundamentales de los contratos inteligentes, destacando cómo estos contratos pueden cambiar potencialmente la forma en que se llevan a cabo las operaciones contractuales tradicionales. Al comprender las capacidades y los beneficios de los contratos inteligentes, podemos apreciar la relevancia de los contratos inteligentes para impulsar la transparencia, la eficiencia y la seguridad en diversas industrias.

Los contratos que se ejecutan automáticamente y en los que los términos del acuerdo se codifican directamente en líneas de código se denominan contratos inteligentes. Una cadena de bloques sirve como repositorio y entorno de ejecución para estos contratos, lo que permite una aplicación descentralizada y automatizada. Debido a que los términos contractuales se establecen y ejecutan automáticamente en función de ciertos criterios, la necesidad de intermediarios se elimina de la ecuación mediante contratos inteligentes.

Las características de los contratos inteligentes, como su naturaleza autoejecutable y su dependencia de la tecnología Cadena de bloques, los diferencian de los contratos tradicionales. Provocan un cambio de paradigma en la forma en que se crean, ejecutan y hacen cumplir los acuerdos, ofreciendo varias ventajas sobre sus contrapartes tradicionales.

Los contratos inteligentes se basan en varios mecanismos y componentes para funcionar de manera efectiva. Estos mecanismos incluyen la lógica de codificación y la condicionalidad, el almacenamiento y la transparencia de los datos, así como las firmas digitales y la autenticación.

En el caso de los contratos inteligentes, la lógica que especifica los términos y condiciones de un acuerdo está contenida en el propio contrato. Incorporan condicionalidad, lo que permite la ejecución de acciones cuando se cumplen las condiciones especificadas. Estas condiciones pueden ser activadas por eventos externos o marcos de tiempo predefinidos, lo que garantiza que el contrato sea autoejecutable y ejecutable. La lógica de codificación permite la automatización de procesos empresariales complejos y reduce la dependencia de la intervención manual.

Los contratos inteligentes pueden almacenar y acceder a datos en la cadena de bloques. Estos datos pueden incluir información sobre las partes del contrato, detalles de la transacción y cualquier otro dato relevante necesario para la ejecución del contrato. La naturaleza transparente de la cadena de bloques garantiza que todas las partes tengan acceso a la misma información, lo que reduce la asimetría de la información y mejora la transparencia. La inmutabilidad de la cadena de bloques garantiza que los datos almacenados en los contratos inteligentes no puedan ser manipulados, lo que mejora aún más la confianza y la fiabilidad.

Los contratos inteligentes emplean firmas digitales para autenticar a las partes involucradas y garantizar la integridad del contrato. Cada parte tiene una clave privada única, y sus firmas digitales se utilizan para verificar su identidad y consentimiento a los términos del contrato. Este mecanismo criptográfico proporciona una alta seguridad y no repudio, lo que garantiza que las partes no puedan negar su participación o la autenticidad del contrato.

Los contratos inteligentes ofrecen varios beneficios y tienen una amplia gama de aplicaciones en diversas industrias. Sus ventajas incluyen la eficiencia y la automatización, la transparencia y la confianza, las aplicaciones descentralizadas (DApps) y la interoperabilidad, así como la tokenización y la economía de tokens.

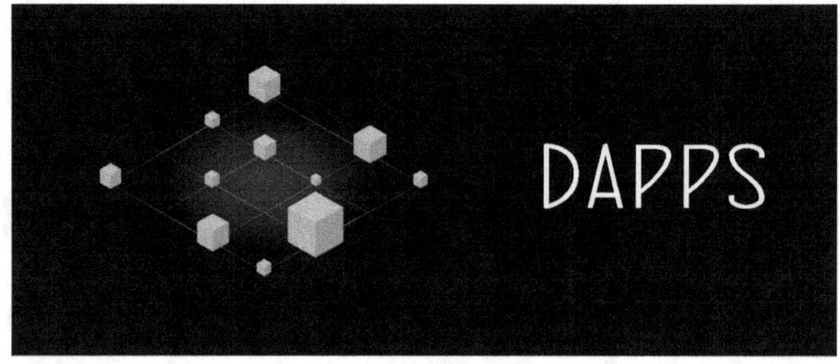

Los contratos inteligentes agilizan y automatizan los procesos contractuales, eliminando la necesidad de intervención manual y minimizando la posibilidad de errores o disputas. Sobre la base de condiciones predefinidas, permiten la autoejecución de acciones, como la liberación de fondos, la transferencia de activos o la actualización de registros. Esta eficiencia mejora la productividad y reduce la sobrecarga administrativa, lo que permite a las partes centrarse en tareas de mayor valor.

Los contratos inteligentes operan en una cadena de bloques descentralizada, lo que ofrece transparencia e inmutabilidad. Todos los términos, condiciones y transacciones del contrato son visibles para todas las partes involucradas, lo que crea un entorno confiable y auditable. Esta transparencia reduce la necesidad de intermediarios, ya que la confianza está integrada en el código y en la infraestructura de la cadena de bloques. Las partes pueden verificar la ejecución del contrato y asegurarse de que se cumplan los términos acordados.

Los contratos inteligentes sirven como base para las aplicaciones descentralizadas (DApps). Estas aplicaciones aprovechan las capacidades de los contratos inteligentes para crear una gama de servicios, desde instrumentos financieros hasta herramientas de gestión de la cadena de suministro. Los contratos inteligentes también promueven la interoperabilidad, permitiendo que diferentes DApps interactúen e intercambien datos, creando un ecosistema más conectado y eficiente. Esta interoperabilidad permite una colaboración e integración perfectas entre diferentes plataformas y aplicaciones.

Los contratos inteligentes facilitan la tokenización de activos, donde los activos físicos o digitales se representan como tokens en la cadena de bloques. Esta tokenización permite la propiedad fraccionada, el aumento de la liquidez y la creación de economías de tokens. Los contratos inteligentes rigen la transferencia y la propiedad de estos tokens, proporcionando un mecanismo seguro y transparente para las transacciones entre pares. La tokenización abre nuevas oportunidades para la inversión, el crowdfunding y los servicios financieros descentralizados.

Si bien los contratos inteligentes ofrecen numerosos beneficios, se deben abordar algunos desafíos para aprovechar plenamente su potencial. Estos desafíos incluyen consideraciones legales y regulatorias, escalabilidad y limitaciones técnicas, así como preocupaciones sobre privacidad y confidencialidad.

La adopción de contratos inteligentes plantea desafíos legales y regulatorios, ya que es posible que los marcos legales existentes no aborden completamente las complejidades y características únicas de estos acuerdos digitales. Cuestiones como la aplicabilidad de los contratos, la resolución de disputas y la responsabilidad deben examinarse y abordarse cuidadosamente para garantizar el cumplimiento legal y la protección del consumidor. Se están realizando esfuerzos para desarrollar nuevos marcos y adaptar las leyes existentes para dar cabida a los contratos inteligentes y proporcionar la seguridad jurídica necesaria.

Dado que los contratos inteligentes operan en una cadena de bloques, la escalabilidad y las limitaciones técnicas pueden plantear desafíos.

La capacidad de procesamiento de las redes Cadena de bloques y el costo de ejecutar contratos inteligentes complejos deben optimizarse para respaldar una adopción generalizada. Soluciones como los protocolos de capa 2 y los avances en la escalabilidad de la cadena de bloques pueden ayudar a superar estos desafíos, permitiendo una ejecución de contratos inteligentes más eficiente y escalable.

Los contratos inteligentes operan en una cadena de bloques pública, lo que puede generar preocupaciones sobre la privacidad y la confidencialidad. Si bien la cadena de bloques proporciona transparencia, puede no ser adecuada para todos los contratos que requieren privacidad. Se están explorando técnicas como las pruebas de conocimiento cero y las cadenas de bloques privadas para abordar estas preocupaciones de privacidad mientras se mantienen los beneficios de los contratos inteligentes. Las tecnologías que mejoran la privacidad pueden lograr un equilibrio entre la transparencia y la confidencialidad, permitiendo la divulgación selectiva de la información y preservando al mismo tiempo la integridad del contrato.

Los contratos inteligentes han surgido como una aplicación transformadora de la tecnología Cadena de bloques, automatizando la confianza y revolucionando los procesos contractuales. A través de su naturaleza autoejecutable y descentralizada, los contratos inteligentes mejoran la transparencia, la eficiencia y la seguridad en diversas industrias. Agilizan los procesos contractuales, reducen la necesidad de intermediarios y fomentan un entorno de transacciones confiable. Sin embargo, es necesario abordar los desafíos de cumplimiento legal, escalabilidad y privacidad para desbloquear completamente el potencial de los contratos inteligentes. Los contratos inteligentes están preparados para remodelar los acuerdos tradicionales a medida que avanza la tecnología y evolucionan los marcos regulatorios, allanando el camino para un futuro más automatizado y confiable.

Capítulo IV

Seguridad y privacidad de la cadena de bloques

Criptografía y encriptación en Cadena de bloques

El uso de la criptografía y el cifrado son pilares fundamentales en torno a los cuales se construye la tecnología de Cadena de bloques. La confidencialidad, autenticidad e integridad de los datos que se han almacenado dependen en gran medida del papel que desempeñan estas piezas de construcción en el proceso. En esta sección, estudiaremos los principios fundamentales de la criptografía y el cifrado en relación con la tecnología detrás de las cadenas de bloques. Analizaremos los numerosos enfoques criptográficos utilizados en los sistemas Cadena de bloques, así como sus protocolos y el papel que desempeñan estos enfoques en la protección de la información confidencial. Cuando tengamos una mejor comprensión del papel que juegan la criptografía y el cifrado en la tecnología Cadena de bloques, podremos apreciar mejor la contribución que estas tecnologías hacen para fomentar transacciones seguras en la era digital y para el crecimiento de la confianza.

El proceso de encriptación de la información y la comunicación mediante una serie de técnicas y métodos matemáticos distintos se denomina criptografía. La criptografía es un término genérico para todos estos procesos. Cuando se aplica a la cadena de bloques, sus objetivos principales son garantizar la confidencialidad, integridad, autenticidad e irrefutabilidad de las transacciones. Los métodos criptográficos garantizan la provisión de canales de comunicación seguros, la prevención del acceso o la modificación no autorizados de los datos, la verificación de la identidad de los participantes y la garantía de que las partes no pueden negar sus acciones.

Tanto la criptografía simétrica como la asimétrica se consideran métodos fundamentales en el campo de la criptografía. La criptografía asimétrica, o criptografía de clave pública, utiliza un par de claves que están matemáticamente relacionadas entre sí. La criptografía simétrica utiliza una clave secreta compartida tanto para el cifrado como para el descifrado, pero la criptografía asimétrica utiliza una clave privada para el cifrado y una clave pública que corresponde a la clave privada para el descifrado.

Los procesos criptográficos de intercambio y distribución de claves son de suma importancia. En la criptografía simétrica, es necesario que las partes que están hablando entre sí intercambien su clave secreta compartida de forma segura. La criptografía asimétrica proporciona una solución a este problema al permitir distribuir claves de forma segura mediante la combinación de claves públicas y privadas en pares.

Dentro de las redes Cadena de bloques, la seguridad de la transmisión de datos depende en gran medida del cifrado para evitar que la información confidencial caiga en las manos equivocadas. Los datos que se envían a través de una red se cifran mediante métodos criptográficos y las claves correspondientes antes de enviarse. Los datos se vuelven incomprensibles y están protegidos por este cifrado incluso en el caso de que una parte no autorizada los intercepte.

Las estrategias de cifrado, como las pruebas de conocimiento cero y las firmas de anillo, se pueden utilizar en las redes públicas de Cadena de bloques para mejorar la capacidad de los usuarios para mantener su privacidad, aunque los datos de las transacciones sean visibles para todos los participantes de la red. Las pruebas de conocimiento cero permiten validar una declaración sin revelar los hechos en los que se basa la afirmación, mientras que las firmas de anillo garantizan que nunca se pueda determinar el origen de una transacción.

Los datos que se almacenan en la cadena de bloques son capaces de ser encriptados, lo que protege tanto su privacidad como su integridad. Con el fin de proteger la confidencialidad de los datos sensibles antes de que se añadan a una cadena de bloques, primero se cifran mediante un método criptográfico, como la criptografía simétrica o asimétrica. El uso de almacenamiento cifrado protege los datos de ser accedidos o alterados por partes no autorizadas.

Las funciones hash son un tipo de método criptográfico que convierte datos de tamaño arbitrario en valores de una longitud definida. Las funciones hash son un componente esencial de la tecnología Cadena de bloques, ya que tienen un propósito importante en la preservación y protección de datos. Un valor hash, derivado en función de los datos del bloque, se incluye en cada bloque que compone la cadena de bloques. Cualquier modificación de los datos daría como resultado un valor hash diferente, lo que indicaría a la red que se ha intentado manipular los datos.

Los árboles de Merkle son un tipo de estructura de datos que utiliza funciones hash para garantizar que los datos guardados en una cadena de bloques sean auténticos. Los árboles de Merkle ofrecen una verificación rápida de la presencia e integridad de las transacciones individuales sin necesidad de comprobar toda la cadena de bloques. Esto se logra agrupando las transacciones en bloques y estableciendo un hash para cada transacción. Los árboles de Merkle son una forma de hash distribuido.

Las firmas digitales son procedimientos criptográficos que ofrecen autenticación y verificación de integridad. También se conocen como firmas electrónicas. En Cadena de bloques, las firmas digitales se utilizan para verificar la legitimidad de las transacciones y confirmar que el remitente apropiado las ha autorizado. Esto ayuda a garantizar que la cadena de bloques permanezca segura. Las firmas digitales se generan con la clave privada del remitente, y su autenticidad puede comprobarse con la clave pública que corresponde a la firma.

La tecnología Cadena de bloques utiliza criptografía de clave pública para generar direcciones únicas para cada participante. La clave pública del participante se utiliza para derivar estas direcciones, que luego actúan como identificadores para esa persona. Los participantes pueden proporcionar verificación de identidad y evitar la suplantación de identidad mientras ejecutan transacciones firmando la transacción con su clave privada coincidente. Esto permite a los participantes demostrar que son los propietarios de una dirección, lo que evita la suplantación de identidad.

La llegada de la computación cuántica plantea peligros significativos para los algoritmos criptográficos tradicionales, ya que las computadoras cuánticas tienen la capacidad de romper los esquemas de cifrado que ahora se utilizan en los sistemas Cadena de bloques. Esto plantea un posible problema para los algoritmos criptográficos clásicos, que existen desde hace mucho tiempo. Debido al hecho de que las computadoras cuánticas son capaces de resolver ciertos problemas matemáticos mucho más rápido que las computadoras tradicionales, esto deja muchos de los algoritmos de cifrado utilizados actualmente abiertos a ataques.

El desarrollo de algoritmos criptográficos que sean seguros contra los ataques llevados a cabo por ordenadores cuánticos es el objetivo principal de la criptografía poscuántica. Estos algoritmos tienen como objetivo producir cifrado y firmas digitales infalibles, incluso cuando hay computadoras cuánticas presentes. La investigación sobre criptografía postcuántica es esencial para garantizar la estabilidad y seguridad de los sistemas Cadena de bloques a largo plazo.

La tecnología conocida como Cadena de bloques pone un gran énfasis en la criptografía y el cifrado, dos bloques de construcción fundamentales que son cruciales para mantener la confidencialidad de los usuarios y evitar el acceso no autorizado a sus datos. Dentro de las redes Cadena de bloques, la utilización de procedimientos criptográficos garantiza la confidencialidad, integridad, autenticidad y no repudio de las transacciones y los datos. Los métodos de cifrado protegen los datos tanto mientras se transmiten como mientras se almacenan, lo que aumenta el nivel de privacidad de los usuarios y evita el acceso no autorizado. Las funciones hash y las firmas digitales hacen posible la verificación y autenticación de identidades mientras se mantiene la integridad de los datos. A medida que la tecnología Cadena de bloques continúa avanzando, se vuelve cada vez más importante resolver dificultades como los peligros que plantea la computación cuántica utilizando criptografía poscuántica. La tecnología Cadena de bloques sigue siendo una plataforma robusta y segura porque utiliza el poder de la criptografía y el cifrado. Esto permite que Cadena de bloques altere los negocios y genere confianza en la era digital.

Algoritmos de consenso y su impacto en la seguridad

Los algoritmos de consenso forman la columna vertebral de la tecnología Cadena de bloques, lo que permite a las redes descentralizadas llegar a un acuerdo sobre la validez de las transacciones y mantener un libro mayor seguro y resistente a la manipulación. En esta sección, exploraremos el concepto de algoritmos de consenso y su profundo impacto en la seguridad de los sistemas Cadena de bloques. Profundizaremos en los diversos algoritmos de consenso empleados en las redes Cadena de bloques, sus mecanismos y cómo mejoran la seguridad. Al comprender el papel de los algoritmos de consenso, podemos comprender su importancia para mitigar los ataques, evitar el doble gasto y garantizar la integridad de los datos de la cadena de bloques.

Los algoritmos de consenso son protocolos que permiten a las redes remotas llegar a un acuerdo mutuo sobre la legitimidad de las transacciones y el orden en que deben procesarse. Los objetivos principales de los algoritmos de consenso en Cadena de bloques son lograr un acuerdo entre los participantes de la red, mantener la coherencia de los datos, prevenir el fraude y la manipulación, y resistir los ataques de actores maliciosos. Los algoritmos de consenso garantizan que todos los participantes de la red lleguen a un entendimiento común del estado de la cadena de bloques.

La tolerancia a fallas bizantinas (BFT) se refiere a la capacidad de un algoritmo de consenso para resistir fallas, incluidas las fallas bizantinas en las que los nodos de la red pueden exhibir un comportamiento arbitrario. Los algoritmos de consenso BFT están diseñados para llegar a un acuerdo incluso en presencia de un cierto número de nodos defectuosos o maliciosos.

Proof of Work (PoW) es el algoritmo de consenso inicial y más conocido introducido por Bitcoin. En PoW, los participantes de la red compiten para resolver acertijos computacionalmente intensivos, y el primer participante en encontrar una solución válida es recompensado con el derecho de agregar un nuevo bloque a la cadena de bloques. El algoritmo de consenso PoW se basa en la mayor parte de la potencia computacional de la red para mantener la seguridad. Es resistente a los ataques, pero requiere un consumo de energía significativo.

Proof of Stake o (PoS) es un mecanismo de consenso alternativo que elige a los validadores para producir nuevos bloques en función de la cantidad de criptomonedas que poseen y están preparados para "apostar" como garantía. PoS elimina la necesidad de cálculos que consumen mucha energía y, en su lugar, se basa en la participación económica de los participantes en la red. PoS proporciona una alternativa más eficiente desde el punto de vista energético a PoW, pero presenta nuevos desafíos, como el problema de "nada en juego".

La prueba de participación delegada (DPoS) introduce un sistema basado en la votación en el que los participantes de la red eligen un número limitado de delegados para producir bloques en su nombre. Estos delegados, también conocidos como "testigos" o "validadores", se turnan para producir bloques. DPoS ofrece confirmaciones de transacciones más rápidas y escalabilidad, pero depende de la confiabilidad de los delegados elegidos.

La Tolerancia Práctica a Fallas Bizantinas o (PBFT) es un algoritmo de consenso diseñado para cadenas de bloques autorizadas, donde los participantes de la red son conocidos y confiables. PBFT permite un consenso rápido al hacer que los nodos intercambien mensajes y lleguen a un acuerdo en múltiples rondas. PBFT proporciona un alto rendimiento y es resistente a las fallas bizantinas, pero requiere un conjunto predeterminado de participantes conocidos.

Los algoritmos de consenso juegan un papel crucial en la prevención de ataques a las redes Cadena de bloques. Los algoritmos de consenso dificultan que un actor malicioso manipule la cadena de bloques al garantizar el acuerdo entre los participantes. La potencia computacional requerida en PoW hace que sea económicamente inviable lanzar un ataque mayoritario, mientras que la participación económica en PoS actúa como un elemento disuasorio contra los ataques.

La cuestión del doble gasto, que ocurre cuando un usuario intenta hacer uso de la misma criptomoneda más de una vez, se aborda a través de algoritmos de consenso. Al acordar el orden de las transacciones y confirmar su validez, los algoritmos de consenso garantizan que solo se agreguen transacciones válidas a la cadena de bloques, evitando intentos de doble gasto.

Los algoritmos de consenso ayudan a mitigar los ataques Sybil, en los que un actor malintencionado crea múltiples identidades para controlar una parte significativa de la red. Al exigir a los participantes que demuestren su participación o realicen un trabajo computacional, los algoritmos de consenso evitan que una sola entidad ejerza un control indebido sobre la red. Los mecanismos de verificación de identidad garantizan que solo los participantes legítimos puedan participar en el consenso y contribuir a la seguridad de la red.

La escalabilidad plantea un desafío para los algoritmos de consenso, especialmente en las redes públicas de Cadena de bloques. A medida que crece el número de participantes y transacciones, lograr el consenso se vuelve más difícil. Los esfuerzos de investigación se centran en el desarrollo de fragmentación, soluciones de escalado fuera de la cadena y algoritmos de consenso que mantengan la seguridad al tiempo que logran un mayor rendimiento.

Lograr la tolerancia a fallas bizantinas en redes Cadena de bloques sin permiso, donde los participantes son anónimos y no confiables, plantea desafíos significativos. Garantizar la integridad de la cadena de bloques y prevenir ataques en dichas redes requiere algoritmos de consenso innovadores que puedan manejar de manera efectiva la presencia de actores maliciosos.

Los enfoques de consenso híbridos tienen como objetivo combinar las fortalezas de diferentes algoritmos de consenso para abordar desafíos específicos. Por ejemplo, la combinación de PoW y PoS puede proporcionar la seguridad de PoW al tiempo que reduce el consumo de energía. Los enfoques híbridos pueden ofrecer soluciones al trilema de escalabilidad, eficiencia energética y seguridad al que se enfrentan las redes Cadena de bloques.

Los algoritmos de consenso se encuentran en el corazón de la tecnología Cadena de bloques, garantizando la seguridad, la confianza y la integridad. Al permitir que las redes descentralizadas acuerden la validez de las transacciones, los algoritmos de consenso evitan ataques, resisten la manipulación y mantienen la integridad de la cadena de bloques. Desde PoW y PoS hasta DPoS y PBFT, los diferentes algoritmos de consenso ofrecen mecanismos únicos para lograr acuerdos y mitigar riesgos. Sin embargo, siguen existiendo desafíos como la escalabilidad y el logro de la tolerancia a fallas bizantinas en redes sin permisos. A medida que la tecnología Cadena de bloques continúa evolucionando, los algoritmos de consenso innovadores y los enfoques híbridos prometen mejorar la seguridad y la escalabilidad de los sistemas Cadena de bloques, desbloqueando nuevas posibilidades para aplicaciones en diversas industrias.

Consideraciones de privacidad en los sistemas de cadena de bloques

La tecnología Cadena de bloques no es una excepción a la regla de que la privacidad es esencial para cualquier sistema digital. Si bien la tecnología Cadena de bloques tiene el potencial de ser transparente e inmutable, también plantea preocupaciones con respecto a la capacidad de los usuarios para mantener su privacidad. En esta sección, exploraremos las diversas formas en que la tecnología Cadena de bloques afecta la privacidad de los usuarios. Esta discusión abordará los desafíos entre la transparencia y la privacidad, las implicaciones del seudónimo y los enfoques empleados para mejorar la privacidad en la tecnología Cadena de bloques. Podemos apreciar mejor la importancia de los mecanismos de preservación de la privacidad en los sistemas de cadena de bloques si primero comprendemos las complejidades y los desafíos inherentes al concepto de privacidad.

Cuando se trata de cuestiones de privacidad, la transparencia fundamental de la tecnología Cadena de bloques es un arma de doble filo. Por un lado, la transparencia allana el camino para la rendición de cuentas, la confianza y la capacidad de auditoría. Por otro lado, da lugar a preocupaciones con respecto a la divulgación de información privada. Para la adopción y aceptación general de la tecnología Cadena de bloques, es necesario encontrar un equilibrio adecuado entre la apertura total y la confidencialidad total.

La tecnología Cadena de bloques permite la creación de un libro mayor descentralizado y distribuido que puede registrar los datos de las transacciones y hacer que esos hechos sean accesibles para todas las partes involucradas. Debido a esta transparencia, las transacciones en la red pueden ser verificadas y auditadas por cualquier usuario de la red en cualquier momento. La inmutabilidad, la responsabilidad y la integridad son solo algunas de las ventajas que aportan los sistemas Cadena de bloques transparentes.

Son numerosas las circunstancias en las que se desea transparencia; Sin embargo, también hay circunstancias en las que puede entrar en conflicto con las preocupaciones de privacidad. La transparencia de la tecnología Cadena de bloques crea dificultades para las aplicaciones que trabajan con datos sensibles, como las que tratan con información personal o transacciones comerciales. En tales situaciones, es necesario proteger la privacidad de los participantes y sus transacciones.

El uso de direcciones seudónimas en lugar de las identidades reales de los usuarios es común en la tecnología Cadena de bloques. El seudónimo proporciona un nivel de privacidad a los usuarios al aislar sus identidades de las transacciones en las que participan. Por otro lado, dificulta la conexión de la actividad que tiene lugar en la cadena con personas del mundo real. Si bien el seudónimo, hasta cierto punto, hace posible que los usuarios mantengan su privacidad, hacerlo a expensas de sus identidades requiere un pensamiento cuidadoso y medidas de seguridad adicionales.

Los participantes en las redes Cadena de bloques suelen recibir direcciones seudónimas para su uso. Estas direcciones se utilizan como identificadores para las transacciones, pero no revelan las identidades reales de las personas que participan en las transacciones. Las direcciones seudónimas permiten una mayor confidencialidad, ya que desvinculan el comportamiento en cadena de las identidades de los usuarios fuera del mundo.

El seudónimo es un método eficaz para mantener la privacidad; sin embargo, no es infalible. La desanonimización de los participantes es posible si se utilizan métodos de investigación sofisticados y fuentes de datos adicionales. Los sistemas que emplean la tecnología Cadena de bloques deben tener en cuenta los riesgos de la desanonimización y poner en marcha medidas de seguridad adicionales para proteger la identidad del usuario.

La protección de los datos confidenciales en los sistemas Cadena de bloques depende en gran medida de la utilización de diversas estrategias de cifrado. Es posible aumentar el nivel de privacidad de los datos de las transacciones encriptándolos. Esto garantizará que solo los participantes autorizados puedan acceder a la información que ha sido encriptada. El uso de métodos y claves de cifrado ayuda a reducir la probabilidad de que se pueda acceder a los datos de manera no autorizada mientras los datos están en reposo y en tránsito.

En los sistemas basados en Cadena de bloques, las pruebas de conocimiento cero son una herramienta importante para proteger la privacidad de los usuarios. Las ZKP permiten a una parte demostrar la exactitud de una declaración sin revelar los datos en los que se basa la afirmación. Esto permite realizar transacciones y verificaciones protegiendo al mismo tiempo la privacidad de los usuarios, ya que la persona que realiza la verificación puede determinar la exactitud de una declaración sin tener acceso a los datos subyacentes.

Las firmas de anillo ofrecen un método para realizar transacciones anónimas entre los miembros de un grupo. Con una firma de anillo, un solo usuario puede firmar una transacción en nombre de un grupo, lo que dificulta la verificación de quién fue el firmante real. Esto contrasta con una firma tradicional, que es la firma de una sola persona. Las firmas de anillo proporcionan un mayor nivel de anonimato al ocultar la identidad genuina de la persona que inició la transacción.

El cifrado homomórfico permite calcular los datos cifrados sin necesidad de descifrarlos primero. Este método permite realizar cálculos y análisis de datos en datos cifrados de Cadena de bloques mientras se mantiene la privacidad de los usuarios. El cifrado homomórfico protege la confidencialidad de los datos y, al mismo tiempo, permite llevar a cabo acciones significativas sobre ellos.

Debido a que las cadenas de bloques públicas como Bitcoin y Ethereum se ejecutan con participación abierta, mantener el anonimato de los usuarios puede ser difícil con estas tecnologías. Por otro lado, las cadenas de bloques privadas imponen limitaciones de acceso y pueden implementar salvaguardas de privacidad más estrictas. Las empresas deben considerar seriamente sus requisitos de privacidad y elegir el tipo adecuado de tecnología Cadena de bloques en consecuencia.

El uso de la tecnología Cadena de bloques requiere el cumplimiento de una amplia gama de normas reglamentarias, incluidas las relativas a la protección de datos y la privacidad. Las empresas que utilizan la tecnología Cadena de bloques deberán implementar salvaguardas de privacidad adecuadas para cumplir con las normas aplicables y aprovechar al máximo las oportunidades que presenta la tecnología Cadena de bloques.

Aunque la tecnología Cadena de bloques ofrece a los usuarios seudónimos, las fuentes de datos y los métodos analíticos de terceros pueden vincular potencialmente las actividades en cadena con las identidades del mundo real. Las organizaciones son responsables de estar alertas a la posibilidad de fugas de datos y tomar precauciones adicionales, como la implementación de tecnologías que mejoren la privacidad, para reducir la posibilidad de desanonimización.

Los desarrolladores están trabajando arduamente en cadenas de bloques centradas en la privacidad que prioricen la confidencialidad mientras mantienen las ventajas de la tecnología Cadena de bloques. Estas cadenas de bloques se encuentran actualmente en etapas de desarrollo. Estas cadenas de bloques, con énfasis en la privacidad, tienen la intención de proporcionar mayores garantías de privacidad mediante el uso de métodos criptográficos avanzados y medidas de mejora de la privacidad.

A medida que las redes Cadena de bloques se expanden para admitir un mayor número de participantes y transacciones, la necesidad de soluciones de privacidad que puedan escalar de manera efectiva se vuelve cada vez más crucial. Existe la posibilidad de que la escalabilidad y la privacidad se logren simultáneamente con el uso de innovaciones como la fragmentación, las transacciones fuera de la cadena y los protocolos de capa 2.

Existen posibles implicaciones éticas y legales cuando se unen la tecnología Cadena de bloques y la información personal. Para preservar tanto la confianza como el cumplimiento, las organizaciones tienen que negociar con éxito un marco legal en constante cambio, abordar las preocupaciones sobre la privacidad de los datos y garantizar que las prácticas de gobernanza sean claras.

Las consideraciones de privacidad son de suma importancia cuando se trata del diseño e implementación de sistemas Cadena de bloques. Aunque la transparencia de Cadena de bloques es una de sus características distintivas, es crucial encontrar un equilibrio adecuado entre transparencia y confidencialidad al utilizar la tecnología. El seudónimo, el cifrado, las pruebas de conocimiento cero, las firmas de anillo y el cifrado homomórfico son algunos de los métodos utilizados en los sistemas Cadena de bloques para mejorar la capacidad de los usuarios para mantener su privacidad. Sin embargo, aún existen dificultades, como problemas de cumplimiento normativo, riesgos asociados con la desanonimización y preocupaciones sobre la escalabilidad. Hay razones para ser optimistas sobre la superación de estos problemas, dados los próximos avances en las cadenas de bloques centradas en la privacidad y las soluciones de privacidad escalables. A medida que avanza la tecnología Cadena de bloques, hacer de la privacidad una prioridad será cada vez más importante para promover el cumplimiento, preservar la confianza y aprovechar todo el potencial de Cadena de bloques en varios sectores comerciales.

Capítulo V

Desafíos y limitaciones de Cadena de bloques

Problemas de escalabilidad y rendimiento

La introducción de la tecnología Cadena de bloques ha generado entusiasmo en una variedad de sectores, ya que promete redes descentralizadas, seguras y transparentes. Por otro lado, las dificultades de escalabilidad y rendimiento se han convertido en preocupaciones clave a medida que las aplicaciones de Cadena de bloques continúan aumentando en complejidad y volumen. En esta sección, profundizamos en los desafíos de escalabilidad y rendimiento que enfrenta la tecnología Cadena de bloques y examinamos los factores que contribuyen a estos problemas. Además, exploraremos varias posibles soluciones y avances en tecnología que podrían ayudar a abordar estas dificultades y garantizar la escalabilidad y eficacia de los sistemas basados en Cadena de bloques.

En el contexto más amplio de la tecnología Cadena de bloques, el término "escalabilidad" es la capacidad de un sistema para manejar una base de usuarios en aumento o administrar un volumen cada vez mayor de transacciones. Este es uno de los aspectos más importantes de la tecnología Cadena de bloques. Cuando más personas utilizan una red Cadena de bloques y se producen más transacciones en esa red, la capacidad del sistema para procesar y validar las transacciones se convierte en un factor cada vez más importante. Los problemas de escalabilidad surgen si se imponen restricciones en el rendimiento de las transacciones, la latencia o la capacidad de almacenamiento de la red.

Por otro lado, el rendimiento se refiere a la rapidez y eficacia con la que un sistema Cadena de bloques puede ejecutar transacciones y mantener en funcionamiento las actividades de la red. Los problemas con el rendimiento del sistema pueden presentarse de diversas maneras, incluidos retrasos en la confirmación de las transacciones, aumento de los costos de transacción o disminución de la capacidad de respuesta del sistema. Un aumento en la cantidad de transacciones o la complejidad de los contratos inteligentes puede ejercer presión sobre los recursos de procesamiento de una red Cadena de bloques, lo que puede resultar en una disminución en el rendimiento.

Una serie de variables diferentes causan estos problemas con la escalabilidad y el rendimiento. Para empezar, los procesos de consenso utilizados por las redes Cadena de bloques son un factor importante en la ecuación general. Los algoritmos de consenso tradicionales, como la prueba de trabajo (PoW), que se utilizan en Bitcoin y Ethereum, tienen el potencial de reducir el rendimiento de las transacciones y prolongar los tiempos de confirmación. La escalabilidad de estas redes está restringida debido a los requisitos informáticos de PoW y el consumo de energía relacionado con ellos. Los mecanismos de consenso alternativos, como la prueba de participación (PoS) y la prueba de participación delegada (DPoS), ofrecen una escalabilidad mejorada al disminuir la sobrecarga computacional y el consumo de energía asociados con el proceso de consenso.

La escalabilidad y el rendimiento se ven afectados por varios factores, como el tamaño del bloque y el intervalo de bloque. La capacidad de un bloque para contener más transacciones por bloque se puede aumentar aumentando su tamaño, lo que a su vez aumenta el rendimiento de las transacciones. Por otro lado, los bloques más grandes aumentan los requisitos de almacenamiento para los miembros de la red, lo que puede inhibir la descentralización. De la misma manera, tener intervalos de bloque más cortos da como resultado tiempos de confirmación más rápidos, sin embargo, esto puede presentar problemas con la capacidad de la red para sincronizarse y llegar a un consenso.

El rendimiento de una cadena de bloques depende en gran medida del ancho de banda y la latencia de la red subyacente. La incapacidad de escalar, así como el bajo rendimiento, pueden deberse a elementos como el ancho de banda de red limitado y la latencia excesiva, lo que a su vez ralentiza la propagación y validación de las transacciones. Las limitaciones de ancho de banda y latencia pueden aliviarse mejorando la infraestructura de red, mejorando las técnicas de compresión de datos e investigando opciones fuera de la cadena.

Los requisitos de almacenamiento son otro obstáculo que debe superarse antes de escalar. A medida que se expande el tamaño de la cadena de bloques, también crece la cantidad de espacio de almacenamiento necesario para registrar el historial completo de transacciones. Esto puede dificultar la incorporación de nuevos actores a la red y también puede obstaculizar el potencial de ampliación del sistema. Los requisitos de almacenamiento se pueden gestionar mejor y la escalabilidad se puede mejorar con el uso de técnicas como la fragmentación, que divide la cadena de bloques en secciones más pequeñas, y la poda, que elimina los datos obsoletos o irrelevantes.

Es necesario encontrar ideas creativas y avanzar en la tecnología para abordar estos problemas de escalabilidad y rendimiento. Las soluciones de escalado de capa 2 ofrecen una posible alternativa, que traslada cierto procesamiento de transacciones fuera de la cadena de bloques principal. Esto ayuda a disminuir la tensión que se ejerce sobre el sistema. Al reducir la carga en la cadena de bloques principal, técnicas como los canales de estado, las cadenas laterales y los canales de pago permiten realizar transacciones de forma más rápida y rentable. Estas soluciones permiten un alto rendimiento y menores costos de transacción, al tiempo que se benefician de la seguridad y la descentralización que proporciona la tecnología Cadena de bloques subyacente.

La capacidad de las redes Cadena de bloques separadas para comunicarse entre sí también puede ayudar a abordar los problemas de escalabilidad. La interoperabilidad es posible a través de protocolos y estándares como puentes entre cadenas e intercambios atómicos, lo que hace posible que los usuarios accedan a numerosas redes Cadena de bloques sin interrupciones. La interoperabilidad como esta ayuda a mejorar la escalabilidad al capitalizar las ventajas de varias cadenas de bloques y aliviar la presión ejercida sobre los nodos de red individuales.

Los oráculos y otras formas de computación fuera de la cadena ofrecen un camino potencial adicional hacia la mejora de la escalabilidad y el rendimiento. La eficiencia en los sistemas Cadena de bloques se puede mejorar delegando ciertas tareas de procesamiento a redes fuera de la cadena o a oráculos en los que los usuarios puedan confiar. Esta técnica garantiza que solo se guarde la información esencial en la cadena de bloques, lo que reduce los requisitos de almacenamiento y, al mismo tiempo, aumenta la velocidad a la que se pueden procesar las transacciones.

Los desarrollos recientes en los protocolos de consenso han sido extremadamente útiles para resolver las preocupaciones relacionadas con la escalabilidad y el rendimiento. Se puede lograr un mayor rendimiento de las transacciones mediante la implementación de protocolos como la fragmentación y la partición, que permiten el procesamiento simultáneo de transacciones en muchos subconjuntos de la cadena de bloques. Los mecanismos de consenso híbridos, que combinan las ventajas de varios protocolos distintos, pueden mejorar la escalabilidad y el rendimiento al tiempo que mantienen un nivel adecuado de seguridad.

Además, los avances tecnológicos en hardware e infraestructura conducen a mejoras en la escalabilidad y el rendimiento. Los límites que dificultan la escalabilidad y el rendimiento pueden aliviarse gracias a procesadores más rápidos, más capacidad de memoria y una infraestructura de red mejorada. Estos avances permiten un procesamiento de transacciones más rápido, capacidades de almacenamiento mejoradas y menor latencia, eliminando así estas limitaciones.

En conclusión, hay una serie de desafíos que se interponen en el camino del uso generalizado de la tecnología Cadena de bloques. Estos desafíos incluyen problemas de rendimiento y escalabilidad. Estas dificultades se ven agravadas por una serie de factores, como las técnicas de consenso, el tamaño de los bloques, el ancho de banda de la red y los requisitos de almacenamiento, entre otros. Por otro lado, las posibles soluciones y los avances tecnológicos ofrecen formas de abordar estos problemas. El aumento de la escalabilidad y el rendimiento se puede lograr a través de una variedad de métodos, que incluyen, entre otros, los siguientes: soluciones de escalado de capa 2, interoperabilidad, computación fuera de la cadena, modificaciones al protocolo de consenso y mejoras en hardware e infraestructura. El desarrollo continuo de la tecnología Cadena de bloques puede provocar una revolución en varios sectores empresariales al ofrecer soluciones escalables, eficientes y seguras. Estas soluciones promoverán la innovación al tiempo que transformarán los procesos tradicionales. Al adoptar estas soluciones, podremos superar los desafíos relacionados con la escalabilidad y el rendimiento y, como resultado, podremos aprovechar todas las capacidades de la tecnología Cadena de bloques en beneficio de las personas, las empresas y la sociedad en su conjunto.

Desafíos regulatorios y legales

La tecnología de contabilidad distribuida conocida como Cadena de bloques ha surgido recientemente como una fuerza disruptiva que puede alterar potencialmente las industrias en todo el mundo. A pesar de sus poderes disruptivos, la tecnología Cadena de bloques se enfrenta actualmente a un complicado panorama de desafíos regulatorios y legales. En esta sección, discutiremos las dificultades que surgen de la tecnología Cadena de bloques desde un punto de vista regulatorio y legal. Hablaremos sobre los diversos enfoques regulatorios, las implicaciones legales de la tecnología Cadena de bloques y las dificultades más importantes que aún deben resolverse. Al ser conscientes de estos problemas, podremos gestionar mejor el cambiante entorno normativo y fomentar la adopción responsable de la tecnología Cadena de bloques.

Cadena de bloques se utiliza a escala global; Sin embargo, los marcos legislativos relacionados con la cadena de bloques y las criptomonedas difieren considerablemente de un país a otro. Si bien algunas naciones han mostrado entusiasmo por la tecnología Cadena de bloques y las criptomonedas, otras han adoptado un enfoque más cauteloso o han promulgado reglas más estrictas. Las empresas y las personas que operan en diversas jurisdicciones se enfrentan a dificultades debido a la fragmentación mundial de los marcos normativos.

Determinar cómo se deben categorizar la tecnología Cadena de bloques y las criptomonedas con fines regulatorios es difícil. Los activos de Cadena de bloques se clasifican de diversas maneras, incluidas monedas, valores, materias primas y servicios públicos, según la jurisdicción en cuestión. La clasificación puede tener implicaciones sustanciales para los requisitos de cumplimiento, el tratamiento fiscal y las obligaciones de licencia.

Los problemas legales que son específicos de los contratos inteligentes, que son acuerdos que pueden llevar a cabo sus términos automáticamente y se mantienen en la cadena de bloques, no se anticipan fácilmente. Los tribunales y los sistemas legales de todo el mundo están investigando actualmente si los contratos inteligentes se pueden hacer cumplir legalmente y si tienen o no legitimidad legal. Con el fin de dar cabida a las cualidades únicas de los contratos inteligentes, los marcos legales tradicionales deberán experimentar un desarrollo significativo.

Es posible que la legislación sobre protección de datos y privacidad, como el RGPD o el Reglamento General de Protección de Datos de la Unión Europea, entre en conflicto con la naturaleza transparente e inmutable de la tecnología Cadena de bloques. Sin dejar de aprovechar los beneficios de la tecnología Cadena de bloques, es posible que los sistemas de Cadena de bloques que contienen información de identificación personal deban implementar medidas de seguridad adicionales para cumplir con las leyes de privacidad aplicables.

Debido a la naturaleza seudónima de Cadena de bloques, el cumplimiento de las regulaciones contra el lavado de dinero (AML), así como de conozca a su cliente (KYC) puede ser difícil de lograr. La posibilidad de que se abuse de la tecnología Cadena de bloques de formas como el lavado de dinero o la financiación de organizaciones terroristas está causando alarma a los reguladores. La implementación de estándares AML y KYC efectivos es un gran problema, al tiempo que preserva la privacidad de los usuarios y garantiza su seguridad.

Debido al hecho de que la cadena de bloques funciona en un entorno transnacional, se han planteado problemas relacionados con la jurisdicción y la aplicación de la ley. Las controversias que surjan de las transacciones realizadas en una cadena de bloques pueden cruzar las fronteras nacionales, lo que requiere la cooperación internacional y la armonización de los marcos jurídicos.

Los regímenes tradicionales de derechos de propiedad intelectual (PI) están siendo puestos a prueba por la tecnología Cadena de bloques debido a su naturaleza descentralizada y abierta. Problemas como la infracción de derechos de autor y patentes y la propiedad de activos basados en Cadena de bloques plantean desafíos legales complejos. Estos problemas exigen que se aclaren y adapten las normas vigentes en materia de propiedad intelectual.

La implementación de la tecnología Cadena de bloques puede someter a los clientes a riesgos inesperados. Proporcionar procedimientos eficientes de resolución de disputas, protegerse contra acciones fraudulentas y mantener la precisión de la información que se registra en la cadena de bloques son desafíos que deben superarse.

Los sandboxes regulatorios y los proyectos piloto brindan a los reguladores la oportunidad de trabajar junto con los desarrolladores de Cadena de bloques y obtener una comprensión más profunda de los posibles beneficios y riesgos que plantea la tecnología. Estos proyectos ofrecen un entorno regulado para probar y refinar los sistemas regulatorios, lo cual es bastante útil.

Con el fin de manejar el carácter global de la tecnología Cadena de bloques, es necesario aumentar la cooperación internacional y los esfuerzos de estandarización. Cuando los gobiernos, las organizaciones reguladoras y las partes interesadas de la industria trabajan juntos, pueden ayudar a construir conceptos y marcos regulatorios compartidos, estimulando la innovación y asegurando el cumplimiento de las leyes aplicables.

Con el fin de tener en cuenta las características excepcionales de la tecnología Cadena de bloques, las leyes y regulaciones que ya están en vigor requerirán revisiones tanto en el ámbito legislativo como en el reglamentario. El compromiso por parte de los responsables políticos, los expertos jurídicos y los participantes en el negocio de la cadena de bloques puede conducir a la creación de normas específicas que logren un equilibrio entre la innovación y la protección.

Las asociaciones entre los sectores público y comercial son esenciales para encontrar soluciones a problemas normativos y jurídicos complejos. La colaboración entre las agencias gubernamentales, los grupos de la industria y las organizaciones de Cadena de bloques puede facilitar el intercambio de conocimientos, la formación de políticas y el establecimiento de mejores prácticas.

Es necesario desarrollar marcos regulatorios para respaldar la incorporación de bienes y servicios financieros basados en Cadena de bloques, ya que la tecnología Cadena de bloques se cruza progresivamente con las finanzas tradicionales. La asociación de las nuevas empresas de tecnología financiera, las instituciones financieras convencionales y los reguladores gubernamentales será esencial para el proceso de estimular la innovación, manteniendo al mismo tiempo la estabilidad financiera y protegiendo a los consumidores.

Los sandboxes para pruebas regulatorias diseñados expresamente para las finanzas descentralizadas (DeFi) pueden permitir experimentar con diferentes métodos regulatorios, lo que permite innovar de manera responsable y reducir el riesgo.

La coordinación internacional y la armonización de las normas son esenciales para cumplir con el carácter global de la tecnología Cadena de bloques. El establecimiento de marcos regulatorios que sean similares de una jurisdicción a otra puede facilitarse con el apoyo de iniciativas como las recomendaciones del Consejo de Estabilidad Financiera (CEF) y la participación de organizaciones internacionales.

Las preocupaciones regulatorias y legales presentadas por Cadena de bloques crean problemas complicados que requieren un examen serio y la colaboración entre todos los actores relevantes. La naturaleza siempre cambiante del panorama regulatorio exige la adopción de estrategias flexibles que logren un equilibrio entre la transformación y la protección de los inversores, la privacidad y la seguridad. Para abordar eficazmente estas dificultades, es necesaria la colaboración internacional, las revisiones legislativas, las asociaciones público-privadas y los sandboxes regulatorios. Podemos facilitar el uso responsable de la tecnología Cadena de bloques, desbloquear su potencial transformador y garantizar que sea compatible con los marcos legales ya existentes si podemos sortear con éxito los desafíos regulatorios y legales que se avecinan.

Preocupación por el medio ambiente y el consumo de energía

El potencial de la tecnología Cadena de bloques para cambiar varias industrias, mejorar los niveles de transparencia y aumentar sustancialmente los niveles de eficiencia ha atraído mucho interés. Sin embargo, la amplia adopción de la tecnología Cadena de bloques ha dado lugar a preocupaciones sobre su impacto en el medio ambiente y la cantidad de energía que consumirá. En esta sección, discutiremos los problemas ambientales relacionados con la tecnología Cadena de bloques, con un énfasis particular en la cantidad de energía requerida. Cubriremos las causas fundamentales que contribuyen al consumo de energía, las implicaciones ambientales de la tecnología Cadena de bloques y las formas prácticas de reducir el impacto negativo de Cadena de bloques en el medio ambiente. Si podemos obtener un conocimiento de estos problemas, podremos esforzarnos por lograr una adopción de la tecnología Cadena de bloques que sea más ética y sostenible.

La tecnología Cadena de bloques se ejecuta en una red descentralizada y se basa en una serie de métodos de consenso diferentes para funcionar. La cantidad de potencia de procesamiento necesaria para validar bloques y garantizar la integridad continua de la cadena de bloques es el principal contribuyente al consumo de energía de las redes de cadena de bloques.

En los sistemas de contabilidad distribuida que utilizan el proceso de consenso Proof of Work (PoW), como Bitcoin y Ethereum, es necesario resolver problemas matemáticos complicados utilizando una cantidad significativa de potencia computacional para validar bloques. Este procedimiento, que requiere una cantidad sustancial de energía, utiliza una cantidad significativa de electricidad. El hardware y la infraestructura utilizados en la minería, como los equipos de minería especializados como los circuitos integrados de aplicación específica (ASIC), se suman a la energía total consumida. Además, a medida que las redes Cadena de bloques se expanden en tamaño y alcance, aumenta la cantidad de potencia computacional necesaria para el consenso y la validación, lo que aumenta la cantidad de energía que se requiere.

El consumo de energía por parte de la tecnología Cadena de bloques tiene una serie de implicaciones ambientales, las más significativas de las cuales están asociadas con las emisiones de carbono, los desechos electrónicos y el agotamiento de los recursos.

La huella de carbono de las redes Cadena de bloques está intrincadamente conectada con las fuentes de energía que se utilizan para la minería, que con frecuencia dependen de los combustibles fósiles. El consumo de combustibles fósiles es un factor en la producción de gases de efecto invernadero y en la progresión del cambio climático. Los residuos electrónicos se producen como resultado de la rápida rotación que se produce en el hardware de minería como resultado directo de los desarrollos técnicos. Es posible que la eliminación o el reciclaje inadecuados de estos dispositivos provoquen la contaminación del medio ambiente y el agotamiento de los recursos. Además, Cadena de bloques utiliza otros recursos, como materias primas para equipos de minería, agua para fines de refrigeración y la fabricación de componentes de hardware de minería. Todos estos recursos tienen un costo asociado. Es posible que estas actividades supongan una carga para los recursos naturales y contribuyan al deterioro del ecosistema.

Hay una variedad de enfoques que se pueden adoptar para manejar los problemas ambientales y los requisitos energéticos de la tecnología Cadena de bloques.

Una opción para resolver el problema es cambiar de Proof of Work (PoW) a mecanismos de consenso alternativos, ejemplos de los cuales son Proof of Stake (PoS) o Proof of Authority (PoA), los cuales exigen una menor cantidad de potencia de procesamiento en comparación con Proof of Work (PoW). Estas técnicas tienen el potencial de reducir drásticamente el uso de energía, lo que dará como resultado que las redes Cadena de bloques tengan una mayor eficiencia energética. Una de esas estrategias que ha demostrado ser exitosa es abogar por la utilización de fuentes de energía renovables, que incluyen la energía solar o eólica, en las operaciones mineras. Al depender menos de los combustibles fósiles, se puede reducir la huella de carbono de la cadena de bloques, lo que supone un impacto medioambiental positivo. La transición hacia el uso de redes Cadena de bloques sostenibles puede acelerarse mediante programas que fomenten la minería respetuosa con el medio ambiente y proporcionen incentivos financieros para el consumo de energía renovable.

Las innovaciones en el diseño del hardware de minería podrían algún día conducir al desarrollo de métodos que utilicen menos energía. Es posible que los fabricantes prioricen el desarrollo de equipos de minería energéticamente eficientes que minimicen la cantidad de electricidad consumida y mantengan el nivel óptimo de rendimiento del equipo. Además, la disminución de la cantidad de trabajo computacional que se debe realizar y la cantidad de energía que necesitan las redes Cadena de bloques se puede lograr aumentando la eficiencia de la red e introduciendo soluciones de escalado como la fragmentación o los protocolos de capa 2. Estos enfoques hacen que el procesamiento de las transacciones sea más rápido y reducen su impacto en el medio ambiente.

Las partes interesadas de la industria, los organismos reguladores y los legisladores deben trabajar juntos para abordar los problemas ambientales que plantea la tecnología Cadena de bloques. La aplicación adecuada de la tecnología Cadena de bloques y la promoción de la sostenibilidad pueden verse favorecidas mediante el establecimiento de normas y mejores prácticas en toda la industria.

La implementación de procedimientos respetuosos con el medio ambiente puede acelerarse mediante el uso de proyectos de Cadena de bloques que prioricen la sostenibilidad. Se pueden desarrollar estándares, se pueden compartir las mejores prácticas y se puede promover la adopción responsable de Cadena de bloques a través de esfuerzos de colaboración entre organizaciones y consorcios. La promoción de prácticas sostenibles de Cadena de bloques es en gran parte responsabilidad de las organizaciones reguladoras. El desarrollo de normas y leyes claras que promuevan la minería energéticamente eficiente, la integración de energías renovables y la gestión responsable de los residuos electrónicos son cosas que pueden ayudar a aliviar el impacto adverso que la tecnología Cadena de bloques tiene en el medio ambiente. La gente en general debe ser consciente de los riesgos ambientales relacionados con la tecnología Cadena de bloques. Los programas educativos pueden llamar la atención sobre la importancia de las actividades de Cadena de bloques respetuosas con el medio ambiente y alentar a los participantes a participar en las redes de Cadena de bloques de manera responsable.

El desarrollo de la tecnología Cadena de bloques conducirá inevitablemente a la creación de soluciones escalables y duraderas que hagan hincapié en la eficiencia energética y la responsabilidad social y medioambiental. El mayor desarrollo de los métodos de consenso, los equipos de minería y la arquitectura de red pueden contribuir a reducir la cantidad de energía requerida por la tecnología Cadena de bloques y su influencia negativa en el medio ambiente.

Los problemas que surgen con respecto al medio ambiente y la cantidad de energía utilizada por la tecnología Cadena de bloques son grandes obstáculos que deben superarse. Los procesos de consenso de prueba de trabajo (PoW) y las operaciones mineras que los acompañan contribuyen a las emisiones de carbono, los desechos electrónicos y el agotamiento de los recursos debido a la naturaleza intensiva en energía de los mecanismos de consenso de PoW. Sin embargo, podemos disminuir el impacto de la tecnología Cadena de bloques en el medio ambiente si utilizamos diferentes mecanismos de consenso, incorporamos fuentes de energía renovables, realizamos mejoras en el hardware de minería y trabajamos juntos como industria. El desarrollo de prácticas sostenibles de Cadena de bloques depende en gran medida de los marcos regulatorios, las campañas de concienciación pública y las iniciativas educativas. Podemos hacer que el futuro de la tecnología Cadena de bloques sea más sostenible si adoptamos prácticas energéticamente eficientes y ecológicas.

Capítulo VI

Adopción e implementación
de Cadena de bloques

Factores que influyen en la adopción de Cadena de bloques

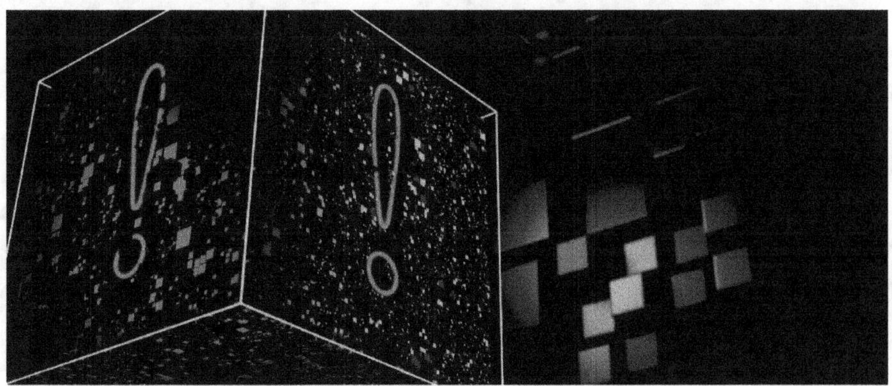

La promesa de la tecnología Cadena de bloques de revolucionar varios negocios, mejorar los niveles de seguridad y simplificar varios procesos ha atraído una atención sustancial. Sin embargo, la adopción generalizada de la tecnología Cadena de bloques se enfrenta a desafíos causados por una serie de factores que afectan la forma en que se acepta y utiliza. En esta sección, investigaremos los elementos que juegan un papel en la adopción de la tecnología Cadena de bloques. Hablaremos sobre las consideraciones tecnológicas, económicas, regulatorias y sociales que juegan un papel en el proceso de toma de decisiones para las empresas y las personas que están explorando soluciones de Cadena de bloques. Al tomar conciencia de estos aspectos, podemos comprender mejor el potencial y los problemas asociados con la adopción de la tecnología Cadena de bloques.

Una variedad de consideraciones técnicas tienen un gran impacto en el uso de la tecnología Cadena de bloques. Entre ellos se encuentran la escalabilidad y el rendimiento, la interoperabilidad, la seguridad y la privacidad, y la capacidad de proteger los propios datos.

La escalabilidad en la tecnología Cadena de bloques se refiere a la capacidad de una red Cadena de bloques para procesar muchas transacciones mientras se conserva su alta eficiencia operativa. Las redes Cadena de bloques deben ser escalables para que puedan utilizarse en aplicaciones que tienen lugar en el mundo real. Para resolver los problemas asociados con la escalabilidad, es necesario realizar mejoras en los métodos de consenso, el diseño de la red y los sistemas de procesamiento de transacciones.

La interoperabilidad es otro aspecto tecnológico importante que debe tenerse en cuenta para la implementación de Cadena de bloques. El término "interoperabilidad" es la capacidad de las redes Cadena de bloques para ser compatibles con los sistemas informáticos preexistentes y para integrarse con dichos sistemas de manera fluida. La adopción generalizada de la tecnología Cadena de bloques debe tener la capacidad de comunicarse y compartir datos a través de las diversas plataformas Cadena de bloques y sistemas tradicionales. Es necesario construir protocolos y estándares de interoperabilidad para que el intercambio de datos sea fluido entre varias redes de Cadena de bloques.

Factores fundamentales, como la seguridad y la privacidad, influyen en gran medida en la adopción de la tecnología Cadena de bloques. La creencia generalizada de que la tecnología Cadena de bloques ofrece a los usuarios seguridad y anonimato es un factor importante que impulsa su adopción generalizada. Infundir confianza y seguridad en la tecnología Cadena de bloques se ve facilitado en gran parte por las contribuciones de componentes como los protocolos criptográficos, los procesos de consenso y el cifrado de datos. Con el fin de manejar los riesgos de seguridad y los problemas de privacidad en constante evolución, es vital que se realicen avances continuos en los enfoques de criptografía y las tecnologías de mejora de la privacidad.

Cuando se trata de tomar una decisión sobre la adopción de la tecnología Cadena de bloques, las consideraciones económicas juegan un papel crucial. Estas consideraciones incluyen aspectos como la rentabilidad, el retorno de la inversión (ROI) y la desintermediación.

La rentabilidad comparativa de la implementación de tecnologías Cadena de bloques en comparación con los sistemas más convencionales es un factor importante que las empresas deben tener en cuenta. La adopción de la tecnología Cadena de bloques puede resultar en tarifas de transacción más bajas, menor dependencia de intermediarios y mayor efectividad organizacional. La implementación de la tecnología Cadena de bloques podría resultar en ahorros de costos para las empresas, lo que aumenta el atractivo de la tecnología desde una perspectiva financiera.

Cuando las empresas están pensando en adoptar la tecnología Cadena de bloques, una de las primeras cosas que hacen es calcular el posible retorno de la inversión. La viabilidad de la implementación de la tecnología Cadena de bloques se puede comprender mejor haciendo un análisis de sus posibles ventajas a largo plazo, que pueden incluir reducciones de costos, aumentos en los ingresos y mejoras en la calidad del servicio brindado a los clientes. Demostrar un claro retorno de la inversión o ROI puede ayudar a fomentar la adopción de la tecnología Cadena de bloques al mostrar el valor y los beneficios que la tecnología puede ofrecer.

Uno de los factores económicos más importantes que está impulsando la adopción de Cadena de bloques es la desintermediación. La adopción de la tecnología Cadena de bloques puede estar fuertemente influenciada por su capacidad para eliminar a los intermediarios en una variedad de sectores, incluido el mercado inmobiliario, la cadena de suministro y el sector financiero. Reducir el uso de intermediarios puede resultar en ahorros financieros, mejoras en la eficiencia y un aumento en la comunicación transparente. A la hora de decidir implementar la tecnología Cadena de bloques, uno de los principales impulsores que destacan las organizaciones es la posibilidad de desintermediación.

Una variedad de consideraciones regulatorias y legales impactan significativamente la adopción de la tecnología Cadena de bloques.

Estas variables consisten, entre otras, en el entorno normativo, las necesidades de cumplimiento y la protección de la propiedad intelectual (PI).

El entorno regulatorio que rodea a la tecnología Cadena de bloques difiere significativamente entre las diferentes jurisdicciones. Es esencial que los marcos legales, incluidos los requisitos para las criptomonedas, los contratos inteligentes y la privacidad de los datos, sean claros y alentadores para facilitar la implementación generalizada de la tecnología Cadena de bloques. Fomentar la innovación y, al mismo tiempo, proteger a los consumidores es un delicado acto de equilibrio que los gobiernos y otros organismos reguladores deben dominar.

Las normas de cumplimiento relacionadas con la lucha contra el blanqueo de capitales (AML), el conocimiento del cliente (KYC), la protección de datos y otras normativas son algo que las organizaciones deben tener en cuenta. La adopción de soluciones de cadena de bloques en industrias reguladas debe garantizar que las soluciones de cadena de bloques se adhieran a las obligaciones regulatorias. La inmutabilidad y la apertura de la tecnología Cadena de bloques pueden facilitar los esfuerzos de cumplimiento; Sin embargo, todavía hay desafíos que abordar cuando se trata de integrar las cualidades de la tecnología Cadena de bloques con los requisitos legales preexistentes.

La protección de los derechos de las personas a su propia propiedad intelectual es un componente esencial de los ecosistemas de Cadena de bloques que debe resolverse antes de que pueda tener lugar una aceptación generalizada. Fomentar la creatividad e incentivar a las empresas a utilizar la tecnología Cadena de bloques mediante el establecimiento de marcos legales transparentes que resuelvan los problemas relacionados con la propiedad, la concesión de licencias y la protección de patentes. Especialmente en los sectores en los que la propiedad intelectual es un activo importante, la preservación de los derechos de propiedad intelectual es un componente esencial para cultivar un entorno que responda a la adopción de la tecnología Cadena de bloques.

La adopción de la tecnología Cadena de bloques también se ve afectada significativamente por una variedad de variables sociales. Estos elementos incluyen la colaboración, los efectos de red, la confianza y la percepción, la educación y la concienciación.

El grado en que las personas y las organizaciones confían en la tecnología Cadena de bloques es un factor que influye en la rapidez con la que se adopta. La noción de que la tecnología Cadena de bloques es segura, transparente y confiable es esencial para superar la resistencia al cambio y fomentar la adopción. Para que haya una base de confianza, debe haber una comunicación abierta y honesta, una demostración de casos de uso efectivos y una respuesta a las preocupaciones relacionadas con la seguridad, la privacidad y la confiabilidad.

La educación y la concienciación son componentes cruciales en el proceso de fomento de la adopción de Cadena de bloques. Todavía hay muchas personas y organizaciones que no tienen conocimientos básicos de la tecnología Cadena de bloques y los usos potenciales que podría tener. Los esfuerzos educativos que desmitifican la tecnología Cadena de bloques, destacan sus beneficios y exhiben casos de uso exitosos ayudan a superar los escépticos y fomentan la adopción de la tecnología. Es esencial desarrollar un ecosistema que sea competente y esté bien informado para acelerar la adopción de Cadena de bloques.

Las fuerzas sociales de la colaboración y los efectos de red impulsan en gran medida el uso generalizado de la tecnología Cadena de bloques. El carácter colaborativo de las redes Cadena de bloques, como las que existen a través de consorcios, colaboraciones industriales y el establecimiento de ecosistemas, puede ayudar a acelerar la adopción. Las empresas están motivadas para participar y contribuir a los ecosistemas de Cadena de bloques por el efecto de red, que es el fenómeno en el que el valor de una Cadena de bloques aumenta en proporción al número de participantes en la Cadena de bloques. La innovación, el intercambio de información y el desarrollo de soluciones interoperables se fomentan a través de esfuerzos de colaboración.

Es necesario tomar medidas específicas para superar los obstáculos y dificultades para promover la adopción de la tecnología Cadena de bloques.

Para resolver los problemas de escalabilidad, interoperabilidad y privacidad que presenta la tecnología Cadena de bloques, la innovación tecnológica es absolutamente necesaria. Los esfuerzos continuos de investigación y desarrollo deben concentrarse en mejorar la experiencia del usuario de las soluciones de cadena de bloques, así como en resolver las limitaciones que existen actualmente en la tecnología. Un uso más amplio puede verse facilitado por los desarrollos en algoritmos de consenso, protocolos de red y estrategias que mejoren los niveles de privacidad de los usuarios.

Es vital que los gobiernos, las asociaciones de la industria y las comunidades de Cadena de bloques trabajen juntos para lograr claridad regulatoria, armonización y colaboración para cultivar un entorno favorable para la adopción de Cadena de bloques. Participar de manera proactiva permite abordar las inquietudes, proporcionar seguridad jurídica y crear un panorama normativo que favorezca la innovación y, al mismo tiempo, proteja a los consumidores.

La educación y el cultivo de habilidades relevantes son factores importantes para fomentar la adopción generalizada de la tecnología Cadena de bloques. La creación de una fuerza laboral informada que sea capaz de adoptar la tecnología Cadena de bloques requiere cerrar la brecha de conocimiento, lo que se puede lograr mediante la promoción de programas educativos, capacitación profesional y esfuerzos liderados por la industria. Esto incluye educar a los líderes corporativos, políticos y desarrolladores de Cadena de bloques sobre los fundamentos, los casos de uso y las mejores prácticas de la tecnología Cadena de bloques.

Una variedad de problemas tecnológicos, económicos, regulatorios y sociales pueden tener un impacto en la adopción de la tecnología Cadena de bloques. Las consideraciones tecnológicas como la escalabilidad, la interoperabilidad y la seguridad juegan un papel crucial a la hora de establecer la practicidad y la usabilidad de las soluciones Cadena de bloques. Las empresas se ven influenciadas a utilizar la tecnología Cadena de bloques por una variedad de consideraciones económicas, incluida la rentabilidad, el retorno de la inversión (ROI) y la desintermediación. El panorama regulatorio para la adopción de la tecnología Cadena de bloques está determinado por variables regulatorias y legales, como el entorno regulatorio, las necesidades de cumplimiento y la protección de la propiedad intelectual. La implementación de la tecnología Cadena de bloques está influenciada por una variedad de factores sociales, como la confianza y la percepción, la educación y la concienciación, la colaboración y los efectos de red, etc. Con el fin de derribar barreras e impulsar la adopción, se necesitan nuevos avances tecnológicos, marcos regulatorios más transparentes y programas educativos que impulsen tanto la conciencia como la capacidad de adquirir nuevas habilidades. Al abordar estos aspectos, las organizaciones y las personas pueden aprovechar el poder transformador de la tecnología Cadena de bloques, impulsando la innovación y marcando el comienzo de una nueva era de arquitecturas de sistemas descentralizadas y seguras.

Estrategias para una implementación exitosa de Cadena de bloques

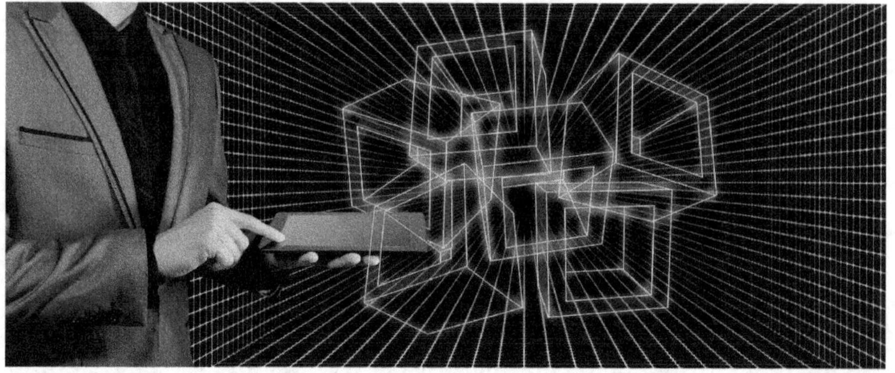

La tecnología detrás de Cadena de bloques tiene el potencial de transformar varias empresas al mejorar significativamente sus niveles de transparencia, seguridad y eficiencia general. Sin embargo, una aplicación exitosa de la tecnología Cadena de bloques implica una planificación cuidadosa y la consideración de una amplia variedad de elementos. En el marco de esta sección, investigaremos varias opciones de implementación de la tecnología Cadena de bloques. Hablaremos sobre algunas de las cosas más importantes en las que pensar al implementar soluciones Cadena de bloques y algunas de las mejores prácticas y obstáculos. Las organizaciones pueden maximizar los beneficios de adoptar la tecnología Cadena de bloques y superar cualquier desafío que enfrenten si comprenden estas técnicas.

Las empresas primero deben evaluar el caso comercial para adoptar la tecnología Cadena de bloques antes de que dicha tecnología pueda implementarse. Esto requiere determinar las áreas problemáticas, las regiones de ineficiencia y los lugares donde la tecnología Cadena de bloques tiene el potencial de provocar un cambio revolucionario. Las empresas deben realizar investigaciones sobre las posibles ventajas de la tecnología Cadena de bloques, que pueden incluir reducciones de costos, mayor seguridad, mayor transparencia y mejor gestión de datos. Es útil para las empresas establecer la viabilidad y la propuesta de valor de implementar la tecnología Cadena de bloques si primero realizan un análisis detallado.

Elegir el uso apropiado de la tecnología Cadena de bloques es absolutamente necesario para su implementación efectiva. Las empresas deben desarrollar casos de uso en los que las características distintivas de la cadena de bloques, como la inmutabilidad, la descentralización y la transparencia, puedan contribuir significativamente a la creación de valor. La tecnología Cadena de bloques es ideal para casos de uso que involucran procesos complicados de múltiples partes, dependencias significativas de datos y preocupaciones de confianza. La gestión de las cadenas de suministro, la verificación de identidades y la realización de transacciones financieras son ejemplos de casos de uso comunes. Para tener una implementación exitosa, es necesario evaluar la idoneidad de un caso de uso y determinar si se alinea o no con los objetivos del negocio.

Es absolutamente esencial para una implementación exitosa de Cadena de bloques elegir la arquitectura de Cadena de bloques adecuada. Las cadenas de bloques públicas, privadas o de consorcio administradas por un consorcio tienen cada una su propio conjunto de beneficios e inconvenientes potenciales. Las cadenas de bloques públicas tienen una ventaja en términos de apertura y descentralización, pero su escalabilidad puede ser limitada. Las cadenas de bloques privadas ofrecen un mayor control y escalabilidad, pero a expensas de algunos aspectos de la descentralización. Las cadenas de bloques utilizadas en consorcios hacen posible que los participantes de confianza colaboren. Las organizaciones deben examinar sus requisitos, que pueden incluir la protección de datos, el control y la escalabilidad, y seleccionar la arquitectura que esté de acuerdo con sus objetivos. Establecer una base sólida para una implementación exitosa de Cadena de bloques comienza con el diseño de una arquitectura adecuada.

La escalabilidad y el rendimiento son dos de los factores más importantes a tener en cuenta cuando se intenta adoptar la tecnología Cadena de bloques con éxito. Las organizaciones deben evaluar las necesidades del caso de uso para determinar el rendimiento de las transacciones, la velocidad de la red y los requisitos de almacenamiento de datos. Los procesos de consenso y el requisito de validar las transacciones a través de una red Cadena de bloques plantean dificultades para la escalabilidad de las redes Cadena de bloques. La implementación de soluciones fuera de la cadena, la utilización de técnicas de fragmentación o la adopción de protocolos de capa 2 son algunos ejemplos de los muchos enfoques posibles que se pueden adoptar para superar las dificultades de escalabilidad. Para garantizar el mayor nivel de rendimiento posible, es necesario encontrar un equilibrio adecuado entre escalabilidad y descentralización. Para que una implementación sea exitosa, es fundamental poner en marcha soluciones que puedan gestionar un aumento en el volumen de transacciones y la expansión de la red.

Para que el despliegue de la tecnología Cadena de bloques tenga éxito, se requiere un marco de gobernanza sólido. Cada uno de los participantes en una red debe tener roles, responsabilidades y procesos de toma de decisiones bien definidos, que las organizaciones deben describir. Es esencial tener reglas claras para los métodos de consenso, las actualizaciones de los contratos inteligentes y la resolución de disputas. Además, las organizaciones deben crear procesos para modernizar la tecnología Cadena de bloques subyacente, gestionar las actualizaciones de la red y abordar cualquier riesgo de seguridad potencial. Dentro de la red Cadena de bloques, contar con un marco de gobernanza claramente delineado es esencial para garantizar la apertura, la rendición de cuentas y la toma de decisiones eficiente.

La implementación de la tecnología Cadena de bloques otorga una alta prioridad a la confidencialidad y seguridad de los datos de los usuarios. Para que las empresas protejan eficazmente la información privada, deben implementar métodos adecuados de cifrado de datos, controles de acceso y sistemas de gestión de identidades. Además, deben cumplir con los requisitos de protección de datos vigentes, como el RGPD o el Reglamento General de Protección de Datos, y asegurarse de que existen procedimientos para obtener el consentimiento del usuario. Es posible mejorar aún más la privacidad de los datos en las redes Cadena de bloques mediante la implementación de tecnología que mejora la privacidad, como las pruebas de conocimiento cero o los canales privados. Generar confianza en la red Cadena de bloques requiere tanto la implementación de estrictas medidas de seguridad como el mantenimiento del cumplimiento de la legislación sobre privacidad de datos.

Uno de los desafíos más típicos que surgen durante la implementación es la integración de la tecnología Cadena de bloques con los sistemas heredados preexistentes. Las organizaciones deben desarrollar estrategias para garantizar una integración e interoperabilidad fluidas. El intercambio de datos entre cadenas de bloques y sistemas tradicionales puede facilitarse a través de interfaces de programación de aplicaciones (API), middleware o protocolos de interoperabilidad. Cuando se trata de garantizar la interoperabilidad entre varias plataformas de Cadena de bloques, los estándares abiertos y la cooperación de la industria son componentes absolutamente necesarios. La interoperabilidad permite a las empresas utilizar los datos y sistemas que ya tienen y, al mismo tiempo, cosechar los beneficios de las capacidades distintivas que ofrece la tecnología Cadena de bloques.

Por lo general, se requiere la colaboración con socios de la industria, partes interesadas y, a veces, incluso competidores para adoptar la tecnología Cadena de bloques con éxito. Las organizaciones deben asumir un papel activo en la creación de ecosistemas convirtiéndose en miembros de consorcios o grupos de trabajo de la industria. La colaboración puede dar lugar a estándares compartidos, una mayor interoperabilidad y una infraestructura compartida, lo que en última instancia aumenta la propuesta de valor de las soluciones de Cadena de bloques e impulsa su adopción. La participación en proyectos colaborativos y el desarrollo de ecosistemas da como resultado la formación de un efecto de red, en el que los esfuerzos combinados de los participantes mejoran el funcionamiento del ecosistema en su conjunto y aceleran la adopción de la tecnología Cadena de bloques.

Es esencial monitorear tanto el rendimiento como el impacto de la adopción de Cadena de bloques. Para determinar si el proyecto fue exitoso o no, las empresas deben desarrollar indicadores clave de rendimiento o KPI. Para obtener resultados óptimos con la implementación, se requieren evaluaciones rutinarias, bucles de retroalimentación y mejoras iterativas. El aprendizaje y la adaptación continuos permiten a las empresas perfeccionar sus planes, encontrar soluciones a los problemas y aprovechar al máximo los beneficios que ofrece la tecnología Cadena de bloques. El monitoreo y la evaluación proporcionan un enfoque basado en datos, que permite identificar áreas que pueden mejorarse y formar juicios bien informados para mejorar la implementación de Cadena de bloques continuamente.

Se requiere un método inteligente y estratégico para adoptar la tecnología Cadena de bloques con éxito. El caso de negocio, los casos de uso y la arquitectura de la cadena de bloques deben ser evaluados minuciosamente por las organizaciones, y se deben elegir los adecuados. La escalabilidad, la protección de datos, la gobernanza y la interoperabilidad son algunas de las cuestiones que deben abordarse para garantizar el éxito de la implementación. La colaboración con varias partes interesadas, el desarrollo de un ecosistema y la evaluación y mejora continuas del proyecto son componentes críticos del éxito de las iniciativas de Cadena de bloques. Las empresas pueden aprovechar el poder revolucionario de la tecnología Cadena de bloques para mejorar sus operaciones y crear innovación en sus industrias particulares si se siguen ciertas técnicas.

Casos prácticos de organizaciones que aprovechan Cadena de bloques de manera efectiva

El potencial de la tecnología Cadena de bloques para revolucionar industrias enteras al aumentar simultáneamente la transparencia, la seguridad y la eficiencia ha atraído una cantidad sustancial de atención en los últimos años. Esta sección explorará estudios de casos de organizaciones que han aprovechado eficazmente la tecnología Cadena de bloques para lograr beneficios tangibles. Estos estudios de caso destacan implementaciones del mundo real en varios sectores y brindan información sobre las ventajas y los desafíos asociados con la adopción de Cadena de bloques. Al examinar estos ejemplos, podemos comprender mejor cómo Cadena de bloques está revolucionando diferentes industrias e impulsando la innovación.

En colaboración con IBM, el gigante minorista Walmart implementó la plataforma Cadena de bloques Food Trust para mejorar la trazabilidad y la seguridad de los alimentos en su cadena de suministro. Al utilizar la tecnología Cadena de bloques, Walmart puede monitorear en tiempo real la ruta que toman los productos alimenticios desde la granja hasta la tienda. Esto permite una rápida identificación y contención de posibles brotes, reduciendo el riesgo de enfermedades transmitidas por los alimentos. La transparencia y la inmutabilidad de la cadena de bloques garantizan la confianza entre las partes interesadas y permiten retiros eficientes cuando sea necesario. La implementación de Cadena de bloques en la gestión de la cadena de suministro ha mejorado la seguridad alimentaria y la confianza de los consumidores, al tiempo que ha reducido los costos asociados con el mantenimiento manual de registros.

Ripple, un protocolo de pago basado en Cadena de bloques, ha revolucionado los pagos transfronterizos. Las transacciones transfronterizas tradicionales son lentas, costosas y propensas a errores. La tecnología Cadena de bloques de Ripple permite la liquidación en tiempo real y reduce significativamente los costos de transacción. Instituciones financieras como Santander y Standard Chartered han adoptado la tecnología de Ripple para mejorar sus servicios de pago transfronterizos. Al eliminar intermediarios y aprovechar la velocidad y eficiencia de Cadena de bloques, Ripple ha transformado el panorama global de pagos, haciendo que las transacciones transfronterizas sean más rápidas, baratas y confiables.

El sector sanitario se enfrenta a retos a la hora de compartir de forma segura los datos de los pacientes entre diferentes proveedores. Medicalchain utiliza Cadena de bloques para mejorar la gestión de datos de los pacientes y el intercambio de registros médicos. La plataforma Cadena de bloques de Medicalchain permite a los pacientes tener control sobre sus registros médicos y compartirlos de forma segura con los profesionales de la salud. La transparencia e inmutabilidad de la cadena de bloques garantizan la integridad de los datos y mejoran la privacidad del paciente. La implementación de Medicalchain ha agilizado los procesos de atención médica, ha mejorado la accesibilidad a los datos y ha permitido a los pacientes tener un mayor control sobre su información de salud.

Power Ledger, una empresa de Cadena de bloques con sede en Australia, permite el comercio de energía entre pares utilizando la tecnología Cadena de bloques. A través de su plataforma, las personas pueden intercambiar el excedente de energía solar directamente con otras personas de su comunidad. Cadena de bloques garantiza transacciones transparentes y seguras, reduciendo la dependencia de proveedores de energía centralizados. La implementación de Power Ledger promueve el uso de energía renovable, facilita el intercambio de energía y empodera a las personas para que participen en el mercado de la energía. Este modelo de comercio de energía descentralizado tiene el potencial de transformar el sector energético al fomentar la adopción de energías renovables y reducir las emisiones de carbono.

Los sistemas tradicionales de verificación de identidad a menudo involucran bases de datos centralizadas e intermediarios externos. La Fundación Sovrin ha desarrollado un sistema de gestión de identidades basado en Cadena de bloques que permite la identidad autosoberana. Los usuarios pueden compartir selectivamente sus datos personales con entidades de confianza, lo que mejora la privacidad y reduce el riesgo de robo de identidad. La naturaleza descentralizada del sistema garantiza la integridad de los datos y elimina la necesidad de una autoridad centralizada. La implementación de Sovrin tiene el potencial de revolucionar la verificación de identidad, permitiendo interacciones digitales seguras y con mayor privacidad.

Voatz, una plataforma de votación basada en Cadena de bloques, tiene como objetivo mejorar la seguridad y la accesibilidad de los procesos de votación. Los sistemas de votación tradicionales a menudo enfrentan desafíos relacionados con el fraude, la accesibilidad y la transparencia. La implementación de Voatz aprovecha la tecnología Cadena de bloques para proporcionar una votación segura y auditable. La transparencia y la inmutabilidad de la cadena de bloques garantizan la integridad del proceso de votación, mientras que la aplicación móvil hace que la votación sea más accesible y conveniente. Voatz ha llevado a cabo con éxito pruebas piloto de votación basadas en Cadena de bloques, proporcionando una alternativa segura y eficiente a los métodos de votación tradicionales.

Los estudios de caso destacaron la utilización efectiva de la tecnología Cadena de bloques en diferentes sectores. Organizaciones como Walmart, Ripple, Medicalchain, Power Ledger, Sovrin Foundation y Voatz han demostrado cómo Cadena de bloques puede revolucionar la gestión de la cadena de suministro, las finanzas, la atención médica, la energía, la verificación de identidad y la votación. Estas implementaciones muestran los beneficios de Cadena de bloques, incluida una mayor transparencia, seguridad, eficiencia y reducción de costos. Si bien estos estudios de caso ejemplifican la adopción exitosa de Cadena de bloques, persisten desafíos como la escalabilidad, los marcos regulatorios y la colaboración en toda la industria. Al examinar estos ejemplos del mundo real, las organizaciones pueden inspirarse y obtener información para sus iniciativas de Cadena de bloques, contribuyendo a la evolución y adopción continuas de esta tecnología transformadora.

Capítulo VII

El futuro de la tecnología
Cadena de bloques

Tendencias emergentes en el desarrollo de Cadena de bloques

La tecnología Cadena de bloques ha experimentado un desarrollo considerable desde sus inicios, y este desarrollo continúa afectando a una amplia variedad de organizaciones. En esta sección, analizaremos numerosas tendencias nuevas que han surgido sobre el desarrollo de la tecnología Cadena de bloques. Hablaremos sobre los avances recientes en áreas críticas, incluida la escalabilidad, la privacidad, la interoperabilidad, la tecnología detrás de los contratos inteligentes, los marcos de gobernanza, la integración con tecnologías emergentes, la sostenibilidad y la aceptación en las industrias reguladas. La escalabilidad se refiere a la capacidad de un sistema para acomodar un número cada vez mayor de usuarios o transacciones sin comprometer su información personal. Al estar más familiarizados con estas tendencias emergentes, es posible que podamos obtener información sobre el futuro potencial de la tecnología Cadena de bloques y el impacto potencial que puede tener en una variedad de industrias en todo el mundo.

La escalabilidad se ha convertido en un serio desafío para la tecnología Cadena de bloques, particularmente para las Cadenas de bloques públicas como Bitcoin y Ethereum. Este desafío ha sido un impedimento clave para la tecnología Cadena de bloques. A pesar de ello, se están diseñando nuevas estrategias para resolver este problema. Las cadenas de bloques se están volviendo más escalables debido al desarrollo de tecnologías como la fragmentación, las cadenas laterales y los protocolos de capa 2 como Lightning Network. Las redes Cadena de bloques ahora pueden realizar un mayor número de solicitudes de transacciones debido a las capacidades de procesamiento paralelo, transacciones fuera de la cadena y la capacidad mejorada que ofrecen estas tecnologías. Estas soluciones al problema de la escalabilidad abren la puerta para el uso generalizado de la tecnología Cadena de bloques en una amplia gama de diversos sectores empresariales.

La protección de la privacidad de los usuarios se ha convertido en un tema cada vez más apremiante en el contexto de las cadenas de bloques públicas, en las que todos los participantes pueden ver los detalles de cada transacción. Por otro lado, las tendencias emergentes se centran en mejorar los grados de privacidad sin comprometer los niveles de transparencia. Gracias a las pruebas de conocimiento cero, el cifrado homomórfico y la computación segura de múltiples partes, es posible realizar transacciones y compartir datos sin comprometer la privacidad de los usuarios. Los usuarios ahora tienen la opción de proteger la información confidencial y, al mismo tiempo, mantener la integridad y la transparencia de la cadena de bloques debido al desarrollo de estas tecnologías. Las tecnologías que promueven la privacidad logran un equilibrio entre la necesidad de privacidad y la necesidad de transparencia, lo que allana el camino para la perspectiva de la adopción de Cadena de bloques en industrias que requieren una estricta protección de datos.

La interoperabilidad es un componente clave que debe estar presente para que la tecnología Cadena de bloques desarrolle todo su potencial y alcance todas sus capacidades. Ahora hay proyectos en curso que se están diseñando para facilitar el movimiento y la transmisión de datos que tiene lugar a través de las diversas redes Cadena de bloques de la manera más fácil de usar posible. Con la ayuda de estándares y marcos de interoperabilidad, es posible realizar transacciones que tienen lugar a través de muchas cadenas, transferir activos y compartir información entre sí. Estas iniciativas promueven la colaboración, mejoran la experiencia del usuario y hacen posible la construcción de aplicaciones descentralizadas (dApps) que pueden interactuar a través de varias cadenas de bloques. La creación de normas y protocolos generales es el medio por el cual se pueden alcanzar estos objetivos. La construcción de un ecosistema de cadena de bloques conectado que se extienda más allá de las fronteras de redes separadas requiere la interoperabilidad como componente fundamental esencial.

Cuando se produce un evento en particular, un contrato inteligente llevará a cabo rápidamente cualquier condición especificada que se haya incluido en el acuerdo. Los avances más recientes en la tecnología que sustenta los contratos inteligentes están haciendo un esfuerzo por mejorar la adaptabilidad, la seguridad y la funcionalidad de estos contratos. Los oráculos, que suministran contratos inteligentes con datos del mundo real, hacen factible que los sistemas Cadena de bloques se vinculen con información de otras fuentes. Los oráculos suministran contratos inteligentes con datos extraídos del mundo real. Los contratos inteligentes actualizables hacen que sea factible realizar actualizaciones y mejoras sin causar ninguna interrupción en las aplicaciones que están funcionando actualmente. Estos recientes avances tecnológicos aumentan la gama de aplicaciones potenciales de los contratos inteligentes, que ahora pueden abarcar todo, desde las finanzas descentralizadas (DeFi) hasta la gobernanza de las redes de suministro e incluso más allá. Los últimos avances en la tecnología de contratos inteligentes han dado lugar a un aumento de la gama de aplicaciones basadas en Cadena de bloques, así como de su nivel de fiabilidad.

Actualmente se están desarrollando modelos de gobernanza para Cadenas de bloques con el fin de abordar los desafíos relacionados con la toma de decisiones, las actualizaciones de la red y la resolución de disputas. La creación de modelos de gobernanza para Cadenas de bloques está abordando actualmente estos desafíos. En las cadenas de bloques tradicionales, la toma de decisiones se gestiona mediante la utilización de métodos de consenso y equipos de desarrollo centralizados. Por otro lado, las tendencias emergentes apoyan los modelos de gobernanza descentralizados en los que las partes interesadas participan en los procesos de toma de decisiones y en el proceso de actualización de los protocolos. Esto contrasta con el modelo tradicional de gobernanza, que es centralizado. En las organizaciones autónomas descentralizadas, más comúnmente conocidas como DAO, la comunidad tiene la capacidad de ejercer control sobre la gobernanza, los procedimientos de votación y la asignación de fondos. Estas estrategias promueven la apertura, la inclusión y la resiliencia en las redes Cadena de bloques. Como resultado, los miembros reciben más poder y se garantiza que el ecosistema sea equitativo y propicio para los esfuerzos de colaboración.

La tecnología Cadena de bloques se está integrando actualmente con una serie de otras tecnologías emergentes, lo que dará lugar a un aumento tanto de su impacto total como del número de usos potenciales de la tecnología. La integración con dispositivos conectados a través del Internet de las cosas (IoT) permite compartir datos de forma segura y transparente, lo que en última instancia se traduce en mejoras en la gestión y automatización de la cadena de suministro. La integración de la inteligencia artificial (IA) allana el camino para el desarrollo de modelos de IA descentralizados y mercados de datos seguros. Cuando estas tecnologías y la cadena de bloques se combinan, se abren nuevas oportunidades para la expresión creativa y los esfuerzos cooperativos. Esto da como resultado la formación de una sinergia que tiene la capacidad de transformar sectores enteros y acelerar la progresión del avance tecnológico. En términos de la progresión de la tecnología, la combinación de Cadena de bloques y tecnologías emergentes amplía el alcance de lo que es concebible y proporciona la puerta para la investigación de terrenos inexplorados.

A medida que las personas se vuelven cada vez más conscientes de la necesidad de resolver problemas ambientales, las soluciones Cadena de bloques que son respetuosas con el medio ambiente y eficientes en su uso de la energía están ganando atractivo. La prueba de participación (PoS) y la prueba de autoridad (PoA) son dos formas de procedimientos de consenso energéticamente eficientes que actualmente están siendo investigados por varios grupos. Además, se están desarrollando proyectos para compensar las emisiones de carbono causadas por la actividad de Cadena de bloques mediante el uso de créditos de carbono o tipos alternativos de energía. Esto se está haciendo en un esfuerzo por compensar el impacto ambiental negativo de la actividad de Cadena de bloques. Estas mejoras se están realizando para minimizar la huella de carbono de las redes Cadena de bloques, reduciendo así los efectos negativos que tienen en el medio ambiente circundante. El uso de la tecnología Cadena de bloques en iniciativas centradas en la sostenibilidad se está integrando en el esfuerzo global continuo para mitigar las consecuencias del cambio climático y fomentar la adopción de prácticas comerciales responsables.

El uso de la tecnología Cadena de bloques es cada vez más común en sectores que están sujetos a estrictas regulaciones. Estos sectores incluyen la industria de la salud, así como el sector financiero y la administración de las cadenas de suministro. Las agencias gubernamentales y otras organizaciones reguladoras están apreciando gradualmente el potencial de la tecnología Cadena de bloques para promover la transparencia, la seguridad y la eficiencia. Los marcos legales, los sandboxes regulatorios y los estándares de la industria ahora se están desarrollando como parte de los esfuerzos continuos para acelerar el uso de la tecnología Cadena de bloques mientras se mantiene el cumplimiento de las regulaciones existentes. Estas iniciativas son parte de un impulso más amplio para acelerar la adopción de la tecnología Cadena de bloques. La aplicación de la tecnología Cadena de bloques en industrias regidas por regulaciones gubernamentales puede aumentar la confianza, la responsabilidad y la trazabilidad en procesos que son notoriamente difíciles de monitorear. Las soluciones de cadena de bloques que enfatizan el cumplimiento ofrecen una base sólida para la adopción generalizada de la tecnología de cadena de bloques y generan confianza entre las diversas partes interesadas.

Las tendencias innovadoras que están surgiendo actualmente en el desarrollo de la tecnología Cadena de bloques están sentando las bases para el brillante futuro de la revolucionaria tecnología. El avance de la escalabilidad, la privacidad, la interoperabilidad, la tecnología de contratos inteligentes, los modelos de gobernanza, la integración con tecnologías emergentes, la sostenibilidad y la adopción en industrias reguladas decidirán el camino que tomará el desarrollo futuro de Cadena de bloques. Estas tendencias son la respuesta de la industria a los desafíos, así como su búsqueda de soluciones innovadoras y aplicaciones en el mundo real de esas soluciones. Las empresas y los desarrolladores pueden aprovechar todo el potencial de la tecnología Cadena de bloques y contribuir a su expansión continua y aceptación generalizada en una variedad de industrias mediante la adopción de estas nuevas tendencias y su puesta en práctica. La expansión de la tecnología Cadena de bloques en los próximos años conlleva el enorme potencial de cambiar una serie de industrias diferentes, fomentar la confianza y fomentar la innovación global.

Impacto potencial en las industrias y la sociedad

La tecnología Cadena de bloques, a menudo conocida como la columna vertebral de las criptomonedas como Bitcoin y Ethereum, ha aparecido como una innovación revolucionaria con la capacidad de revolucionar varias industrias y remodelar la sociedad tal como la conocemos. En esta sección, profundizaremos en el profundo impacto de la tecnología Cadena de bloques en numerosos sectores, explorando cómo puede fomentar la transparencia, la seguridad, la eficiencia y la confianza, cambiando en consecuencia la forma en que hacemos negocios, gobernamos, accedemos a los servicios e interactuamos entre nosotros.

Una de las áreas más importantes en las que Cadena de bloques puede alterar el statu quo es la industria financiera. Los sistemas financieros tradicionales han dependido durante mucho tiempo de intermediarios como bancos, procesadores de pagos y cámaras de compensación para facilitar las transacciones y mantener la confianza. Sin embargo, Cadena de bloques elimina la necesidad de estos intermediarios al permitir transacciones directas entre pares a través de criptomonedas descentralizadas. Las criptomonedas como Bitcoin y Ethereum ofrecen la posibilidad de realizar transacciones financieras sin depender de las instituciones financieras, lo que proporciona a las personas un mayor control sobre sus fondos y reduce los costos de transacción. Además, los contratos inteligentes basados en Cadena de bloques, que son contratos autoejecutables con los términos escritos directamente en el código, tienen la capacidad de automatizar y hacer cumplir los acuerdos contractuales sin necesidad de costosos intermediarios legales. Esta capacidad abre nuevas posibilidades para las finanzas descentralizadas (DeFi), la tokenización de activos, los pagos transfronterizos y las remesas, lo que en última instancia fomenta la inclusión financiera de las poblaciones no bancarizadas y desfavorecidas.

La gestión de la cadena de suministro es otra área crítica en la que Cadena de bloques puede tener un profundo impacto. Al registrar cada transacción y movimiento de bienes en una cadena de bloques inmutable, las partes interesadas en la cadena de suministro pueden verificar la autenticidad y el origen de los productos, creando un ecosistema transparente y rastreable. Esta transparencia reduce significativamente el riesgo de falsificación, mejora la gestión del inventario y garantiza prácticas comerciales justas. La capacidad de rastrear los productos desde su origen hasta el usuario final mejora la confianza del consumidor, lo que permite tomar decisiones informadas y alienta a las empresas a adoptar prácticas más sostenibles y éticas. Las soluciones de cadena de suministro basadas en Cadena de bloques pueden beneficiar significativamente a industrias como la alimentaria, la farmacéutica, la de artículos de lujo y la de comercio justo.

La atención médica es otro sector preparado para la transformación a través de la tecnología Cadena de bloques. La gestión de los datos de los pacientes plantea numerosos desafíos, como las brechas de seguridad, la duplicación de datos y los problemas de privacidad. Los sistemas basados en Cadena de bloques ofrecen una plataforma segura e interoperable para almacenar y compartir registros de pacientes, garantizar la integridad de los datos y proporcionar a los pacientes un mayor control sobre su información médica. Al compartir de forma segura los datos de investigación, Cadena de bloques fomenta la colaboración entre los proveedores de atención médica y los investigadores, lo que podría acelerar los descubrimientos y avances médicos. La utilización de la tecnología Cadena de bloques en la atención médica podría revolucionar la telemedicina, los ensayos clínicos, la integridad de la cadena de suministro farmacéutica y la medicina personalizada, lo que en última instancia conduciría a mejores resultados para los pacientes y mejores servicios de atención médica.

Cadena de bloques también tiene el potencial de revolucionar los sistemas de gobernanza en todo el mundo. La transparencia e inmutabilidad de la tecnología puede mejorar la integridad de la administración pública, permitiendo elecciones verificables y a prueba de manipulaciones a través de sistemas de votación basados en Cadena de bloques. Además, los contratos inteligentes pueden automatizar el cumplimiento de las regulaciones, reduciendo así la corrupción y la ineficiencia en los servicios públicos. Los sistemas de verificación de identidad basados en Cadena de bloques refuerzan aún más la gobernanza al proporcionar una identificación segura y a prueba de manipulaciones, combatir el fraude de identidad y agilizar los servicios a los ciudadanos. De esta manera, Cadena de bloques puede remodelar la gobernanza en áreas como el registro de la propiedad, la gestión de las finanzas públicas, la distribución del bienestar social y las medidas anticorrupción, marcando el comienzo de una era de gobernanza más responsable y eficiente.

El impacto potencial de la tecnología Cadena de bloques se extiende aún más, revolucionando los procesos de verificación y autenticación de identidad. La arquitectura descentralizada de Cadena de bloques permite el desarrollo de soluciones de identidad autosoberana, donde las personas tienen control sobre sus datos personales y pueden compartirlos selectivamente con partes autorizadas. Este enfoque reduce la dependencia de múltiples nombres de usuario y contraseñas y minimiza el riesgo de robo de identidad y violaciones de datos. La verificación de identidad basada en Cadena de bloques tiene diversas aplicaciones, desde facilitar la identidad digital de los refugiados hasta mejorar los procesos de Conozca a su cliente (KYC) en las instituciones financieras y garantizar una autenticación segura en línea.

En los últimos años, el mundo ha sido testigo de una creciente urgencia por la transición a sistemas energéticos sostenibles. A través de la facilitación de plataformas de comercio de energía peer-to-peer, la tecnología Cadena de bloques tiene el potencial de desempeñar un papel importante en este esfuerzo. Estas plataformas hacen posible que las personas se dediquen a la compra y venta de energía renovable excedente entre sí. Como resultado, fomentan el uso de energía verde y disminuyen la dependencia de los proveedores de energía convencionales. Además, los sistemas basados en Cadena de bloques pueden optimizar la distribución de energía y la gestión de la red, incentivando la conservación de energía a través de sistemas de recompensa tokenizados. La tecnología Cadena de bloques tiene el potencial de revolucionar el comercio de créditos de carbono, mejorar la resiliencia de la red y mejorar el seguimiento de los certificados de energía renovable, contribuyendo así significativamente a un futuro más sostenible y ecológico.

El impacto de la tecnología Cadena de bloques se extiende también al ámbito de la educación. Los certificados y calificaciones educativas basados en Cadena de bloques presentan una forma segura, transparente y accesible a nivel mundial de almacenar y verificar los logros académicos. Al proporcionar credenciales a prueba de manipulaciones, la cadena de bloques reduce el riesgo de fraude de certificados y garantiza el reconocimiento de habilidades y cualificaciones a través de las fronteras. El aprendizaje permanente puede fomentarse a través de plataformas basadas en Cadena de bloques que permiten a las personas almacenar y compartir de forma segura sus logros de aprendizaje, creando un registro completo de sus habilidades y conocimientos. Este enfoque permite a las personas tomar el control de su trayectoria educativa, adoptar el desarrollo profesional continuo y adaptarse al mercado laboral que cambia rápidamente.

Uno de los aspectos más poderosos de la tecnología Cadena de bloques es su potencial para empoderar a las comunidades marginadas y a la población no bancarizada. Los sistemas basados en Cadena de bloques pueden permitir a las personas en áreas desfavorecidas almacenar y transferir valor de forma segura, acceder a micropréstamos y participar en actividades económicas al proporcionar acceso a servicios financieros e identidades digitales. Además, la tecnología Cadena de bloques mejora la transparencia y la rendición de cuentas en los esfuerzos filantrópicos, fomentando las donaciones benéficas y dirigiendo la ayuda donde más se necesita. Al promover la inclusión financiera, reducir la desigualdad económica y fomentar la participación económica, Cadena de bloques tiene el potencial de elevar las sociedades y crear un mundo más equitativo para todos.

En conclusión, la tecnología Cadena de bloques promete revolucionar numerosas industrias y remodelar la sociedad de formas sin precedentes. Su impacto potencial en las finanzas, la gestión de la cadena de suministro, la atención médica, la gobernanza, la verificación de identidad, la energía, la educación y la inclusión social es vasto y transformador. Sin embargo, la realización de este potencial requiere esfuerzos de colaboración de las industrias, los gobiernos y la sociedad en su conjunto. Abordar desafíos como la escalabilidad, los marcos regulatorios y la adopción por parte de los usuarios será crucial para desbloquear todo el potencial de la tecnología Cadena de bloques. A medida que adoptamos esta tecnología revolucionaria, podemos imaginar un futuro en el que los sistemas descentralizados e inmutables redefinan los procesos tradicionales, empoderen a las personas en todo el mundo y creen un mundo más transparente, eficiente y equitativo. A través de la innovación colectiva, la adopción y la dedicación, podemos aprovechar el poder transformador de la tecnología Cadena de bloques para allanar el camino hacia un mañana mejor.

Especulaciones sobre la dirección futura de Cadena de bloques

Sin duda, la tecnología Cadena de bloques ha logrado avances notables, impactando en diversas industrias y transformando aspectos de nuestras vidas. Sin embargo, el verdadero potencial de Cadena de bloques aún no se ha realizado por completo. Esta sección profundiza en las especulaciones sobre la trayectoria futura de la tecnología Cadena de bloques, explorando múltiples dimensiones que prometen desbloquear posibilidades aún más profundas.

Uno de los principales retos a los que se enfrenta la tecnología Cadena de bloques es la escalabilidad, especialmente en las redes públicas. A pesar de sus inmensos beneficios, la velocidad de procesamiento de transacciones de Cadena de bloques ha sido limitada en comparación con los sistemas tradicionales. Sin embargo, las especulaciones sugieren que este obstáculo se superará a través de soluciones innovadoras. Es posible que las redes Cadena de bloques pronto puedan ejecutar miles o incluso millones de transacciones cada segundo como resultado de los avances en la fragmentación, los protocolos de capa 2 y los algoritmos de consenso. La financiación, la gestión de las cadenas de suministro y el Internet de las cosas (IoT) son ejemplos de industrias que requieren un alto rendimiento de transacciones. Si Cadena de bloques puede mejorar su escalabilidad, podrá promover su adopción en este tipo de industrias. Estos avances se alinean con la visión de Cadena de bloques como una tecnología escalable y eficiente capaz de manejar fácilmente transacciones a escala global.

La interoperabilidad es otro aspecto clave que dará forma al futuro de la tecnología Cadena de bloques. Las diferentes redes Cadena de bloques operan de forma aislada, lo que dificulta la comunicación fluida y la transferencia de datos entre ellas. Sin embargo, las especulaciones apuntan hacia la aparición de protocolos y marcos de interoperabilidad que permitan una interacción sin fricciones entre varias redes Cadena de bloques. Estos desarrollos permitirían que los activos y los datos fluyan libremente a través de diferentes cadenas de bloques, promoviendo las transacciones entre cadenas y el intercambio de información. Este ecosistema de Cadena de bloques interconectado rompería los silos, fomentaría la colaboración y abriría interesantes posibilidades para las aplicaciones descentralizadas, lo que permitiría que florezcan soluciones innovadoras.

A medida que la tecnología Cadena de bloques madura, surgen especulaciones sobre la evolución de los modelos de gobernanza. Las cadenas de bloques tradicionales a menudo se basan en mecanismos de consenso específicos y equipos de desarrollo centrales para los procesos de toma de decisiones. Sin embargo, el futuro podría ser testigo de un cambio hacia modelos de gobernanza más descentralizados e impulsados por la comunidad. Las organizaciones autónomas descentralizadas (DAO) podrían ser más frecuentes, empoderando a las partes interesadas para que participen en la toma de decisiones a través de sistemas de votación y propuestas. Este cambio hacia una gobernanza descentralizada puede mejorar la transparencia, la inclusión y la resiliencia general en las redes Cadena de bloques, empoderando a los participantes y reduciendo la dependencia de las autoridades centralizadas. El resultado sería un ecosistema más democrático y justo que fomentaría una mayor colaboración y participación.

La combinación de la IA, también conocida como inteligencia artificial, y la tecnología Cadena de bloques tiene el potencial de marcar el comienzo de innovaciones revolucionarias. Las especulaciones sugieren que Cadena de bloques puede proporcionar una infraestructura descentralizada y transparente para entrenar e implementar modelos de IA de forma segura. La integridad y la trazabilidad de los resultados generados por la IA pueden garantizarse aprovechando la inmutabilidad de la cadena de bloques. Por otro lado, la IA puede mejorar la tecnología Cadena de bloques al permitir el análisis inteligente de datos, la detección de fraudes y la automatización de procesos complejos. La sinergia entre Cadena de bloques e IA puede conducir a avances significativos en sectores como la atención médica, las finanzas, la ciberseguridad y los sistemas autónomos, revolucionando la forma en que operan estas industrias.

Con el rápido avance de la computación cuántica, también surgen especulaciones sobre la futura resistencia de Cadena de bloques a los ataques cuánticos. Se han abordado las preocupaciones con respecto a la seguridad de los sistemas Cadena de bloques como resultado del hecho de que las computadoras cuánticas podrían algún día descifrar los algoritmos criptográficos que ahora están en uso. Sin embargo, los investigadores y desarrolladores están explorando la criptografía poscuántica y los mecanismos de consenso resistentes a la cuántica como posibles soluciones a este desafío. Estos avances garantizarían la seguridad e integridad continuas de las redes Cadena de bloques, haciéndolas resistentes a la amenaza potencial que representa la computación cuántica. Prepararse para la era de la computación cuántica es vital para mantener la confianza y la inmutabilidad que son fundamentales para la tecnología Cadena de bloques.

Otra posibilidad para el desarrollo de Internet en el futuro se conoce como Web 3.0, que también se conoce como web descentralizada.

Prevé un cambio de paradigma hacia una experiencia en línea más descentralizada y centrada en el usuario, en la que los usuarios tengan más control sobre sus datos e interacciones con otros usuarios. Debido a que permite aplicaciones descentralizadas, identidades e interacciones entre pares, la tecnología Cadena de bloques es vital para la realización de la visión de la Web 3.0. Las especulaciones sugieren que la Web 3.0 empoderará a las personas al darles una mayor propiedad de datos, reducir la dependencia de plataformas centralizadas y fomentar nuevos modelos económicos basados en la confianza y la colaboración. Este cambio hacia la descentralización tiene implicaciones significativas para la privacidad, la seguridad y la democratización de los servicios en línea, lo que podría crear un panorama digital más equitativo y centrado en el usuario.

Las especulaciones apuntan al potencial de la tecnología Cadena de bloques para contribuir a soluciones respetuosas con el medio ambiente a medida que aumenta la conciencia global en torno a la sostenibilidad ambiental. Los sistemas basados en Cadena de bloques pueden incentivar y verificar la generación de energía renovable, el comercio de créditos de carbono y las prácticas sostenibles en las cadenas de suministro. Además, los algoritmos de consenso energéticamente eficientes, como el proof-of-stake, pueden reducir la huella de carbono de las redes Cadena de bloques. Las especulaciones sugieren que la integración de Cadena de bloques con dispositivos de Internet de las cosas (IoT) puede conducir a la creación de sistemas inteligentes y energéticamente eficientes. Estas soluciones de Cadena de bloques verde se alinean con el esfuerzo global para mitigar el cambio climático y promover prácticas responsables, posicionando la tecnología Cadena de bloques como una fuerza para el cambio positivo frente a los desafíos ambientales apremiantes.

Teniendo en cuenta estas especulaciones sobre la dirección futura de la tecnología Cadena de bloques, podemos vislumbrar las inmensas posibilidades que se avecinan. Los avances en escalabilidad, interoperabilidad, gobernanza, integración de IA, resistencia cuántica y la aparición de la Web 3.0 describen un futuro en el que la tecnología Cadena de bloques es más escalable, conectada, segura y centrada en el usuario. Esta tendencia tiene implicaciones sustanciales para una amplia gama de sectores, incluidos, entre otros, la industria financiera, la gestión de las cadenas de suministro, la atención médica, el gobierno y muchos más. Abrazar estas especulaciones significa abrazar un futuro en el que la confianza, la transparencia y la descentralización se conviertan en los pilares de nuestra infraestructura digital.

A medida que navegamos por este emocionante viaje, es esencial fomentar la colaboración, la innovación y el diálogo abierto para dar forma a la dirección futura de la tecnología Cadena de bloques de una manera que beneficie a toda la humanidad. Es posible que marquemos el comienzo de una nueva era de eficiencia, transparencia e inclusión si aprovechamos al máximo el potencial de la tecnología Cadena de bloques. Esta nueva era tiene la capacidad de alterar no solo las industrias individuales, sino también la sociedad en su conjunto. A medida que la cadena de bloques continúe desarrollándose, será esencial resolver desafíos y explotar posibilidades a través de los esfuerzos de la comunidad. Esto será necesario para dirigir esta tecnología disruptiva hacia un futuro que dé a las personas más control, fomente la confianza y produzca un mundo más equitativo y sostenible. Al aceptar estas especulaciones y las posibilidades que presentan, podemos allanar el camino para un futuro en el que la tecnología Cadena de bloques realmente cumpla su promesa de revolucionar las industrias y remodelar la sociedad para mejor.

Conclusión

Resumen de las principales ideas y conclusiones

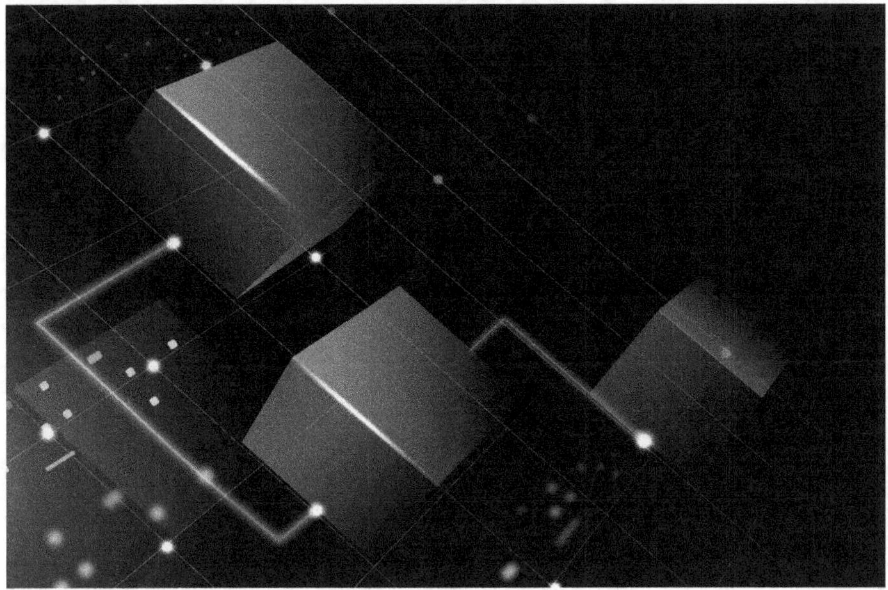

A lo largo de este libro electrónico, hemos discutido una amplia gama de temas asociados con la tecnología Cadena de bloques. Estos temas incluyen su definición, conceptos básicos, principios operativos, variedades de cadenas de bloques, papel en el tratamiento de las preocupaciones de confianza, mejora de la transparencia, casos del mundo real y su impacto en las industrias y la sociedad. En esta sección, revisaremos los hallazgos más importantes y las conclusiones significativas de nuestra investigación, con énfasis en el potencial revolucionario de la tecnología Cadena de bloques y las perspectivas que brinda para el futuro.

Principios básicos de Cadena de bloques: confianza, transparencia y seguridad

La tecnología Cadena de bloques, en su nivel más fundamental, adopta los valores de confianza, transparencia y seguridad. Con su registro distribuido e inalterable, la tecnología Cadena de bloques elimina la necesidad de intermediarios y aumenta el nivel de confianza de los participantes entre sí. Los datos que se guardan en la cadena de bloques se mantienen seguros y en su estado original debido a la utilización de técnicas criptográficas. La tecnología Cadena de bloques mejora la rendición de cuentas, reduce la probabilidad de fraude y manipulación, y proporciona un registro de las transacciones que no se puede alterar y es visible para todas las partes involucradas.

Los principios fundamentales de la tecnología Cadena de bloques pueden tener efectos de gran alcance en una variedad de mercados. En el ámbito de las finanzas, la tecnología Cadena de bloques permite realizar transacciones entre pares de una manera segura y eficiente, eliminando así la dependencia de las instituciones financieras tradicionales. Es posible que el proceso de asegurar la validez y el origen de las cosas sea más fluido si se eleva a un nivel superior el nivel de transparencia y trazabilidad en la gestión de las cadenas de suministro. La industria de la salud puede mejorar la coordinación de la atención y la privacidad de los pacientes mediante el uso de la tecnología Cadena de bloques para una gestión segura e interoperable de los datos de los pacientes. La transformación de la gobernanza es posible a través de la implementación de la transparencia, la rendición de cuentas y la toma de decisiones descentralizada, así como a través del empoderamiento de los ciudadanos y la reducción de la corrupción. Las posibles aplicaciones de la tecnología Cadena de bloques incluyen la verificación de identidad, la gestión de la energía, las instituciones educativas y la inclusión social. Estas aplicaciones tienen la capacidad de revolucionar los procesos existentes y, al mismo tiempo, empoderar a las personas.

Superar los desafíos para la adopción de Cadena de bloques

La tecnología Cadena de bloques, a pesar de que ofrece enormes perspectivas, no está exenta de dificultades. La escalabilidad sigue siendo uno de los desafíos más importantes, ya que la arquitectura Cadena de bloques convencional tiene dificultades para procesar un gran volumen de transacciones. Sin embargo, los desarrollos recientes en tecnología, como las soluciones de fragmentación y capa 2, así como los algoritmos de consenso, como el proof-of-stake, brindan la posibilidad de encontrar una solución. La interoperabilidad es otro reto que debe superarse porque las diferentes redes Cadena de bloques operan de forma independiente, lo que dificulta su capacidad para comunicarse y compartir datos. Actualmente se están realizando esfuerzos para construir estándares y protocolos de comunicación que permitan que varias cadenas de bloques se conecten entre sí de manera fluida, lo que estimulará el desarrollo de un ecosistema que esté vinculado entre sí.

Los conceptos de gobernanza se están desarrollando junto con la maduración de la tecnología Cadena de bloques. La toma de decisiones en las cadenas de bloques tradicionales se maneja mediante el uso de mecanismos de consenso y equipos centrales de desarrollo. Por otro lado, en el futuro puede haber un aumento en la prevalencia de modelos de gobernanza más descentralizados y dirigidos por la comunidad, como las organizaciones autónomas descentralizadas (DAO). Estos enfoques fomentan la inclusión y la descentralización al permitir que las partes interesadas participen en los procesos de toma de decisiones a través de sistemas de votación y propuestas. Cuando se trata de garantizar la viabilidad y el éxito continuos de las redes Cadena de bloques a largo plazo, la gobernanza responsable es absolutamente esencial.

La implementación de la tecnología Cadena de bloques debe tener en cuenta varios factores, incluidas las preocupaciones ambientales y el uso de energía. Se han planteado preocupaciones con respecto a la huella de carbono de varias redes de Cadena de bloques como resultado de las técnicas de consenso utilizadas por esas redes, que consumen mucha energía. Sin embargo, los desarrollos recientes en algoritmos de consenso de eficiencia energética y la combinación de la tecnología Cadena de bloques con fuentes de energía renovables presentan perspectivas para desarrollar sistemas Cadena de bloques que sean menos dañinos para el medio ambiente. La implementación responsable de la tecnología Cadena de bloques exige lograr un equilibrio entre las ventajas de la descentralización y la preservación del medio ambiente.

Colaboración e innovación: impulsando la adopción de Cadena de bloques

Se requiere un esfuerzo colaborativo y un pensamiento innovador para implementar y utilizar ampliamente la tecnología Cadena de bloques con éxito. El sector empresarial, el sector público y las instituciones académicas deben trabajar juntos para superar los desafíos técnicos, desarrollar marcos legislativos que fomenten la innovación al tiempo que protegen a los usuarios, y encontrar soluciones viables al problema. El intercambio de mejores prácticas, la promoción de la interoperabilidad y la apertura de la puerta a aplicaciones relevantes en todas las industrias son posibles gracias a la colaboración.

La innovación es la fuerza impulsora detrás del desarrollo de nuevos casos de uso y tecnologías que mejoran la escalabilidad, la seguridad y la utilidad de Cadena de bloques. Algunos ejemplos de innovaciones que pueden abordar los problemas de escalabilidad y privacidad son las cadenas laterales, las pruebas de conocimiento cero y las soluciones de capa 2. Los esfuerzos continuos en investigación y desarrollo son absolutamente necesarios para aprovechar todo el potencial de la tecnología Cadena de bloques.

La adopción de la tecnología Cadena de bloques se ve afectada significativamente por los marcos regulatorios vigentes. Una normativa comprensible y equilibrada crea un clima receptivo a la innovación, al tiempo que protege a los usuarios y evita los abusos. Comprender la tecnología, trabajar junto con varios actores de la industria y desarrollar marcos regulatorios que fomenten la innovación al tiempo que protegen a los consumidores y se adhieren a la ley son pasos necesarios que los gobiernos y las agencias reguladoras deben tomar para lograr un equilibrio.

Consideraciones éticas y diseño centrado en el usuario

A medida que la aplicación de la tecnología Cadena de bloques se generaliza, es esencial prestar especial atención a las cuestiones éticas y poner énfasis en el diseño pensando en el usuario. Debido a que la transparencia de la tecnología Cadena de bloques puede entrar en conflicto con el derecho a la privacidad de un individuo, las preocupaciones sobre la privacidad deben tener prioridad. Hay una manera de encontrar un equilibrio adecuado entre la transparencia y la privacidad, e implica el uso de tecnologías y marcos de mejora de la privacidad que permiten la divulgación selectiva de información.

Las implementaciones de la tecnología Cadena de bloques requieren que se tomen medidas estrictas para preservar y proteger los datos de los usuarios. Es esencial contar con sólidas salvaguardas criptográficas, una gestión segura de las claves y mecanismos sólidos de verificación de la identidad para detener las violaciones de datos y preservar la integridad de las redes Cadena de bloques. La protección de los datos de los usuarios y la posibilidad de que los usuarios ejerzan control sobre su propia información deben ser aspectos básicos del diseño de cualquier cadena de bloques.

La calidad general de la experiencia del usuario, así como la accesibilidad, deben tener la máxima prioridad para estimular la adopción masiva. Las aplicaciones que hacen uso de la tecnología Cadena de bloques deben ser fáciles de usar, intuitivas y adecuadas para personas con diversos grados de habilidad técnica. Es importante hacer un esfuerzo para cerrar la brecha de conocimiento que existe entre la intrincada tecnología subyacente y las implementaciones orientadas al usuario de esa tecnología.

Educación y concientización: Empoderando la adopción

La educación y la concienciación son factores extremadamente importantes en la progresión de la adopción de Cadena de bloques. Debido a que la tecnología Cadena de bloques aún está en pañales, existe una necesidad apremiante de educar a las partes interesadas sobre las posibilidades, beneficios y limitaciones de la tecnología. Con el fin de facilitar una mayor comprensión del potencial de la cadena de bloques, los expertos de la industria, los responsables políticos y el público en general deben recibir información precisa y fácilmente disponible.

Con el fin de proporcionar a los estudiantes el conocimiento y las habilidades que necesitarán en el futuro, las instituciones educativas deben incluir la tecnología Cadena de bloques en sus planes de lecciones. Existe la necesidad de una mano de obra competente que sea capaz de impulsar la innovación con la tecnología Cadena de bloques. Los programas de capacitación profesional y las certificaciones pueden ayudar a promover este desarrollo.

El futuro de Cadena de bloques: especulaciones y posibilidades

Especular sobre el camino de desarrollo que tomará la tecnología Cadena de bloques en el futuro revela una amplia gama de aplicaciones potenciales. La llegada de la Web 3.0 junto con los desarrollos en escalabilidad, interoperabilidad, gobernanza, integración de inteligencia artificial, resistencia cuántica y otras áreas brindan una visión de un futuro en el que la tecnología Cadena de bloques estará más centrada en el usuario, escalable e interconectada.

Las redes Cadena de bloques pueden ser capaces de ejecutar docenas o incluso millones de transacciones por segundo si se abordan y resuelven los problemas de escalabilidad utilizando soluciones como la fragmentación, los protocolos de capa 2 y las mejoras en las implementaciones de algoritmos de consenso. Se fomentará un ecosistema de cadena de bloques conectado mediante el desarrollo de estándares y marcos de interoperabilidad, que harán posible que los activos y los datos fluyan fácilmente a través de varias redes. Con el tiempo, los métodos actuales de gobernanza evolucionarán para ser más descentralizados e impulsados por la comunidad con el fin de garantizar la inclusión y la transparencia.

La combinación de la inmutabilidad y la transparencia de la cadena de bloques con los poderes de la IA para el análisis inteligente de datos, la automatización y la detección de fraudes desbloqueará nuevos niveles de innovación. La integración con la IA también dará rienda suelta a nuevos niveles de innovación. A la luz de los recientes desarrollos en computación cuántica, será necesaria la implementación de medidas de resistencia cuántica para garantizar la seguridad continua de las redes Cadena de bloques.

La llegada de la Web 3.0, también conocida como web descentralizada, reimaginará lo que significa ser digital al proporcionar a los usuarios un mayor control sobre la información que generan y disminuir su dependencia de los sistemas centralizados. El uso de la tecnología Cadena de bloques será esencial para el desarrollo de aplicaciones descentralizadas, identidades e interacciones entre pares, todo lo cual contribuirá a la formación de un ecosistema en línea más centrado en el usuario y democrático.

En conclusión, las observaciones y conclusiones más importantes de nuestra investigación sobre la tecnología Cadena de bloques demuestran el potencial de la tecnología para provocar un cambio dramático en una amplia gama de industrias y en la sociedad. Los principios fundamentales de la tecnología Cadena de bloques, que incluyen la confianza, la transparencia y la seguridad, sirven como base para aplicaciones revolucionarias y soluciones con visión de futuro. Para lograr una aceptación generalizada, es necesario triunfar sobre los problemas relacionados con la escalabilidad, la interoperabilidad, la gobernanza y la sostenibilidad.

Todo el potencial de Cadena de bloques solo se puede realizar a través de la combinación de esfuerzo colaborativo y pensamiento innovador. La implementación de la tecnología Cadena de bloques debe guiarse por consideraciones éticas, gobernanza responsable y legislación proporcionada. La educación y la concienciación desempeñan un papel importante a la hora de potenciar la adopción, mientras que el diseño centrado en el usuario promueve una experiencia fluida e inclusiva para todos los implicados.

A medida que avanzamos hacia el futuro de la tecnología Cadena de bloques, es imperativo que mantengamos una mente abierta, seamos flexibles y miremos hacia adelante. Si somos capaces de aprovechar plenamente el potencial de la tecnología Cadena de bloques, podremos crear un futuro más abierto, seguro y accesible para todos. Desbloquear el poder transformador de la tecnología Cadena de bloques requiere lograr un equilibrio entre la innovación, la regulación y la aplicación responsable. Esto ayudará a definir una sociedad en la que la confianza, la transparencia y la descentralización sean las piedras angulares de nuestra infraestructura digital.

Reflexiones finales sobre el poder transformador de Cadena de bloques

La tecnología conocida como Cadena de bloques se ha convertido en una fuerza revolucionaria, que está remodelando la forma en que hacemos negocios e interactuamos entre nosotros. También está transformando industrias enteras, lo que hace al poner patas arriba los sistemas tradicionales. A lo largo de este libro electrónico, hemos discutido una serie de aspectos diferentes de Cadena de bloques, como su definición, conceptos fundamentales, principios operativos, diferentes tipos de aplicaciones y posibles posibilidades futuras. En esta sección, examinaremos el potencial revolucionario de la tecnología Cadena de bloques, así como las implicaciones de gran alcance que esta tecnología tiene para varios sectores de la economía, la sociedad y el futuro. A lo largo de la discusión, se subrayará la relevancia de adoptar la capacidad de la tecnología Cadena de bloques para crear un cambio positivo. Discutiremos las perspectivas y los desafíos que tenemos por delante.

Transformando las industrias: un cambio de paradigma

El amplio uso de la tecnología Cadena de bloques tiene la capacidad de cambiar significativamente la dinámica de una variedad de mercados diferentes. Su naturaleza descentralizada, transparente y segura plantea un desafío a las instituciones establecidas y permite nuevas formas de intercambiar valor y realizar negocios. En el ámbito de las finanzas, la tecnología Cadena de bloques tiene la capacidad de eliminar intermediarios, democratizar el acceso a los servicios financieros y minimizar la fricción en las transacciones que trascienden las fronteras internacionales. La gestión de las cadenas de suministro puede beneficiarse de la mejora de los niveles de trazabilidad, responsabilidad y eficiencia, lo que ayudará a garantizar que los productos sean auténticos y procedan de sus ubicaciones previstas. La industria de la salud puede mejorar la atención y la privacidad del paciente mediante la utilización de la tecnología Cadena de bloques para crear registros de salud seguros e interoperables. La transformación de la gobernabilidad es posible a través de la adopción de procesos de toma de decisiones abiertos y descentralizados, el fomento de la participación ciudadana y la eliminación de prácticas corruptas. El potencial disruptivo de la tecnología Cadena de bloques se extiende a la verificación de identidades, la distribución de energía y educación, así como a la inclusión social. Esto ayuda a fomentar la transparencia, la confianza y las posibilidades equitativas.

Empoderar a las personas: identidad autosoberana e inclusión económica

La posibilidad de que la tecnología Cadena de bloques brinde a los individuos un mayor control es una de las implicaciones más importantes que trae consigo la tecnología. Las personas pueden ejercer un mayor control sobre su información personal y reducir su dependencia de la autoridad centralizada cuando utilizan identidades autosoberanas, lo que es posible gracias a la tecnología Cadena de bloques. Las personas pueden elegir y comunicar información de forma segura utilizando identidades digitales basadas en la tecnología Cadena de bloques, lo que reduce el peligro de violaciones de datos y robo de identidad. La tecnología Cadena de bloques también tiene el potencial de promover la inclusión económica al brindar a las poblaciones no bancarizadas o subbancarizadas acceso a servicios financieros de los que antes carecían. Las personas, independientemente de dónde vivan o de su situación socioeconómica, ahora tienen la capacidad de almacenar y transferir riqueza de forma segura, obtener acceso a microcréditos y participar en actividades económicas debido a la utilización de sistemas basados en la tecnología Cadena de bloques.

Confianza y transparencia: bases de una nueva era

La tecnología Cadena de bloques se basa en los principios de confianza y transparencia. La tecnología Cadena de bloques fomenta la confianza entre los participantes al eliminar la necesidad de intermediarios y autoridades centralizadas. Esto hace posible que los participantes participen en transacciones entre pares que son seguras y efectivas. La inmutabilidad de la cadena de bloques, junto con su transparencia, permite la creación de un registro de transacciones que se puede auditar pero que no se puede alterar. El aumento de la rendición de cuentas resultante de esta transparencia ayuda a reducir el fraude y fomenta una atmósfera propicia para la confianza en campos como las finanzas, la gestión de la cadena de suministro y la gobernanza. El potencial de la tecnología Cadena de bloques para permitir la transparencia y la rendición de cuentas tiene una influencia significativa en la lucha contra la corrupción, la mejora de la integridad y la promoción de prácticas éticas.

Desafíos y oportunidades: cómo manejar lo que se avecina

La tecnología Cadena de bloques tiene un tremendo potencial para la disrupción positiva, pero no está exenta de obstáculos. La escalabilidad sigue siendo un problema, ya que las estructuras típicas de Cadena de bloques tienen dificultades para gestionar grandes volúmenes de transacciones. Las actividades de investigación y desarrollo en curso, como la fragmentación y las soluciones de capa 2, presentan la posibilidad de una solución al problema de escalabilidad. Otra dificultad es la interoperabilidad, que surge del hecho de que las diferentes redes Cadena de bloques funcionan de forma aislada, lo que dificulta su capacidad para comunicarse e intercambiar datos. Con el fin de cultivar un entorno de cadena de bloques más interconectado, actualmente se está llevando a cabo el desarrollo para construir protocolos y estándares de interoperabilidad.

La adopción de la tecnología Cadena de bloques también está fuertemente influenciada por los marcos regulatorios existentes. Es necesario encontrar un equilibrio adecuado entre el fomento de ideas innovadoras y la salvaguardia de los intereses de los usuarios. Los gobiernos y las agencias reguladoras deben seguir estando bien informados sobre la tecnología Cadena de bloques, mantener una comunicación abierta con las partes interesadas de la industria y diseñar marcos regulatorios que sean transparentes y flexibles para fomentar la innovación y, al mismo tiempo, proteger a los consumidores y cumplir con las leyes aplicables.

Abrazar la colaboración y la innovación

La colaboración y la resolución creativa de problemas son esenciales si vamos a utilizar plenamente el potencial transformador de la tecnología Cadena de bloques. Para fomentar la innovación, compartir las mejores prácticas y construir soluciones sólidas, el sector privado, el sector público y las instituciones académicas deben trabajar juntos. La colaboración hace posible la interoperabilidad, fomenta el intercambio de información y allana el camino para el desarrollo de aplicaciones relevantes en una variedad de campos.

Para aprovechar todo el potencial de la cadena de bloques, la innovación es absolutamente necesaria. Preocupaciones como la escalabilidad, la privacidad y el consumo de energía pueden aliviarse con el desarrollo de nuevas tecnologías, como las pruebas de conocimiento cero, las cadenas laterales y las mejoras en los diseños de algoritmos de consenso. Es vital mantener las actividades de investigación y desarrollo para perfeccionar los protocolos ya existentes para la tecnología Cadena de bloques e investigar nuevos métodos para mejorar su rendimiento, seguridad y utilidad.

Consideraciones éticas e impacto social

Las preocupaciones éticas y el potencial de impacto social negativo deben considerarse cuidadosamente a medida que la tecnología Cadena de bloques continúa avanzando. Debido a la transparencia inherente de Cadena de bloques, existe un riesgo significativo para el derecho a la privacidad de los usuarios, lo que plantea importantes preocupaciones. Es posible lograr un equilibrio entre la transparencia y la privacidad mediante el uso de tecnologías y marcos que mejoren la privacidad y permitan la divulgación selectiva de la información. Tanto en el diseño como en la implementación de la tecnología Cadena de bloques, garantizar la seguridad de los datos, proteger la privacidad de los usuarios y promover prácticas adecuadas de gestión de datos deben ser las principales consideraciones.

Además, si la tecnología Cadena de bloques no se aplica teniendo en cuenta el impacto social, tiene el potencial de empeorar las desigualdades existentes. Es importante hacer un esfuerzo por cerrar la brecha digital, dar acceso a información y recursos relacionados con la tecnología Cadena de bloques, y promover una participación justa en el ecosistema de la tecnología Cadena de bloques. Será más fácil hacer realidad un futuro en el que las ventajas de la tecnología Cadena de bloques se distribuyan ampliamente si se abordan las consideraciones de impacto social y la promoción de la inclusión.

Abrazando el futuro: Cadena de bloques como catalizador para el cambio

El potencial revolucionario de la tecnología Cadena de bloques va mucho más allá de las capacidades de la propia tecnología Cadena de bloques. Tiene la capacidad de transformar por completo muchas empresas diferentes, así como los sistemas organizativos fundamentales de los individuos y de la sociedad. Para que podamos abrazar completamente el futuro, necesitamos cultivar una cultura que sea de mente abierta, colaborativa y que piense en el futuro. La exploración activa y la experimentación con la tecnología Cadena de bloques, reconociendo su potencial para promover un cambio positivo, deben ser emprendidas por gobiernos, organizaciones e individuos por igual.

La educación y la concienciación son ingredientes vitales para aprovechar plenamente el potencial de la tecnología Cadena de bloques. Es esencial que se realicen esfuerzos para educar a las partes interesadas sobre las capacidades, los beneficios y las limitaciones de la tecnología Cadena de bloques. Para garantizar que las generaciones futuras estén equipadas con la información y las habilidades necesarias para navegar por el ecosistema Cadena de bloques, las instituciones educativas deben incorporar Cadena de bloques en sus programas educativos.

En resumen, el poder disruptivo de la tecnología Cadena de bloques ya es visible en una amplia gama de empresas y en la sociedad. Tiene la capacidad de transformar completamente los sistemas convencionales, dar más poder a las personas y cultivar la confianza, la transparencia y la rendición de cuentas. Aunque hay obstáculos que superar, estos problemas se pueden superar mediante el trabajo en equipo, la creatividad y una ejecución cuidadosa. Podemos aprovechar el poder transformador de la tecnología Cadena de bloques y crear un futuro más equitativo, eficiente e inclusivo si reconocemos el potencial de Cadena de bloques, abordamos las cuestiones éticas que plantea y nos aseguramos de que tenga un impacto social. Reconozcamos el potencial de Cadena de bloques como una fuerza transformadora y luego colaboremos para crear un mundo en el que la tecnología funcione para el bien común.

Estímulo para que los lectores exploren más a fondo la cadena de bloques

La tecnología Cadena de bloques ha aparecido como una fuerza revolucionaria que está redefiniendo la forma en que hacemos negocios y nos conectamos entre nosotros, así como las industrias que está revolucionando y las viejas instituciones que está alterando. A lo largo de todo este libro electrónico, hemos discutido los conceptos fundamentales, las aplicaciones, los problemas y el potencial potencialmente transformador de Cadena de bloques. En esta sección final, daremos a los lectores un examen exhaustivo y profundo de las muchas razones convincentes por las que deberían seguir explorando activamente la tecnología Cadena de bloques. Las personas pueden obtener una comprensión más profunda del potencial de esta tecnología disruptiva, descubrir nuevas oportunidades y contribuir a su crecimiento continuo si profundizan en ella. Queremos desarrollar una comunidad de personas apasionadas por la tecnología Cadena de bloques brindándoles apoyo y dirección para impulsar la innovación continua en este fascinante sector.

Abrazar el poder de la disrupción

La implementación de la tecnología Cadena de bloques dará lugar a un profundo cambio de paradigma en la forma en que se gestionan los sistemas. Pone en tela de juicio los modelos centralizados existentes que se han utilizado e introduce redes descentralizadas y sin confianza que tienen el potencial de perturbar varios sectores. Al profundizar en la tecnología Cadena de bloques, los lectores pueden apreciar la fuerza transformadora de la disrupción y aprender cómo Cadena de bloques tiene la capacidad de transformar una variedad de industrias, como la atención médica, las finanzas, la gestión de la cadena de suministro, la gobernanza y más. Las personas que comprenden el potencial disruptivo de Cadena de bloques son más capaces de anticipar los cambios en sus industrias, reconocer nuevas oportunidades y contribuir activamente a la transformación.

Visualizando nuevas posibilidades

Los lectores pueden concebir nuevas posibilidades y descubrir soluciones únicas a medida que obtienen una mayor comprensión de Cadena de bloques. Cadena de bloques es una tecnología flexible que tiene aplicaciones potenciales más allá del ámbito de las criptomonedas, donde se desarrolló inicialmente. Los lectores pueden descubrir nuevas aplicaciones en una variedad de negocios y campos investigando las características que posee. Son capaces de conceptualizar las formas en que la tecnología Cadena de bloques tiene el potencial de aumentar la confianza, acelerar los procedimientos, mejorar la seguridad, promover las transacciones entre pares y mejorar la transparencia en una variedad de entornos. Es necesario imaginar los diversos resultados de estos escenarios para superar los límites de la innovación y aprovechar todo el potencial de la tecnología Cadena de bloques.

Fomentar la alfabetización tecnológica

La alfabetización en prácticas tecnológicas es esencial para el desarrollo personal y profesional en el mundo cada vez más digital de hoy. Las personas adquieren la capacidad de gestionar el terreno cambiante de la transformación digital cuando tienen una sólida comprensión de la tecnología Cadena de bloques y los principios que la sustentan. Los lectores pueden aprender la información y las habilidades necesarias para adoptar tecnologías innovadoras, adaptarse a los cambiantes panoramas de la industria y hacer juicios informados profundizando más en la tecnología Cadena de bloques. La capacidad de usar la tecnología de manera efectiva también mejora las perspectivas profesionales y allana el camino para nuevas oportunidades en las industrias asociadas a Cadena de bloques.

Contribuyendo al ecosistema

El ecosistema Cadena de bloques se basa en la colaboración y la participación de la comunidad. Los lectores tienen el potencial de contribuir a la expansión y el desarrollo de la tecnología Cadena de bloques cuando exploran activamente la tecnología Cadena de bloques. Compartir información, colaborar en proyectos e intercambiar ideas son posibles resultados de la participación activa de las personas en las comunidades a través de plataformas en línea, eventos presenciales y foros. Los lectores tienen la capacidad de hacer contribuciones reales al desarrollo de la tecnología Cadena de bloques a través de actividades como participar en iniciativas relacionadas con Cadena de bloques, hacer contribuciones a proyectos de código abierto y proporcionar comentarios.

Promoción de la adopción ética y responsable de la cadena de bloques

Pensar en cómo hacer un uso responsable y ético de la tecnología Cadena de bloques es una consideración importante al realizar una investigación en profundidad sobre la tecnología. La implementación de la tecnología Cadena de bloques presenta cuestiones éticas sobre cuestiones de propiedad de datos, privacidad e influencia en el medio ambiente. Los lectores tienen la capacidad de crear activamente el marco ético que rodea el uso de la tecnología Cadena de bloques participando en debates, manteniéndose informados sobre el desarrollo de desafíos y abogando por acciones responsables. Las implementaciones de la tecnología Cadena de bloques que priorizan la inclusión, la equidad y la sostenibilidad ayudan a garantizar que la tecnología se utilice de una manera que beneficie a todas las partes interesadas y esté en línea con los ideales sociales.

Aprendizaje permanente y crecimiento continuo

El sector de la tecnología Cadena de bloques es uno que está experimentando continuamente nuevas mejoras e innovaciones debido a su rápido ritmo de evolución. La aceptación de la tecnología Cadena de bloques requiere una dedicación a la educación y la mejora continuas a lo largo de la vida. Los lectores pueden seguir estando a la vanguardia de la innovación de Cadena de bloques siempre que se mantengan actualizados con los avances, la investigación y las mejores prácticas más recientes en el campo. Las personas pueden ayudar a cultivar una cultura de aprendizaje continuo participando activamente en el material educativo, asistiendo a eventos para la industria y participando en programas de capacitación. Esta cultura permite a las personas adaptarse y prosperar en un entorno en constante cambio.

Aprovechar las oportunidades empresariales

La cadena de bloques presenta oportunidades de negocio que tienen el potencial de remodelar industrias enteras y poner patas arriba los modelos establecidos de hacer negocios. Si los lectores se adentran más en la tecnología Cadena de bloques, podrán encontrar puntos débiles, ineficiencias y necesidades insatisfechas en una variedad de industrias. Son capaces de diseñar soluciones innovadoras, lanzar nuevos negocios y liderar el cambio de industrias enteras cuando tienen conocimientos de la tecnología Cadena de bloques. La naturaleza descentralizada de Cadena de bloques allana el camino para mejorar el acceso al capital, los mercados globales y las transacciones entre pares, lo que a su vez cultiva un entorno propicio para los esfuerzos empresariales.

Adoptando un futuro de innovación y colaboración

La tecnología de contabilidad distribuida que sustenta la cadena de bloques tiene la capacidad de provocar una revolución cultural a escala global. Los lectores contribuyen a la configuración del futuro investigando activamente la tecnología Cadena de bloques. Es crucial adoptar la innovación y colaborar con otros para impulsar el progreso continuo de Cadena de bloques. Conectarse con personas que tienen intereses similares, participar en concursos de innovación y hackatones, y convertirse en miembro de una comunidad Cadena de bloques ayuda a cultivar una atmósfera propicia para el pensamiento creativo, el intercambio de ideas y la resolución de problemas en grupo. Juntos, tenemos la capacidad de impulsar la tecnología Cadena de bloques, explorar territorios desconocidos y crear un futuro que aproveche todo el potencial de esta tecnología revolucionaria.

Para concluir, nos gustaría invitar a los lectores a iniciar una aventura de exploración con respecto a la tecnología Cadena de bloques. Los lectores pueden comprender profundamente el potencial transformador de la tecnología Cadena de bloques, imaginar nuevas posibilidades, contribuir al ecosistema, promover la adopción ética, fomentar el aprendizaje permanente, aprovechar las oportunidades empresariales y abrazar un futuro de innovación y colaboración profundizando en este tema. La tecnología Cadena de bloques significa un cambio de paradigma, y el desarrollo continuo del sistema depende de que las personas interactúen activamente con él. Aprovecha la posibilidad que presenta la tecnología Cadena de bloques, sumérgete en su complejidad y posiciónate a la vanguardia del movimiento para transformar el mundo en uno impulsado por redes descentralizadas, transparentes y seguras. Explore los territorios inexplorados de la tecnología Cadena de bloques, desbloquee su potencial transformador y trabaje en conjunto para construir un futuro que ponga a las personas, organizaciones y comunidades en condiciones de prosperar.

Gracias por comprar y leer/escuchar nuestro libro. Si este libro le ha resultado útil, tómese unos minutos y deje una reseña en la plataforma donde compró nuestro libro. Sus comentarios son muy importantes para nosotros.